Grüngürtel-Rundweg

63 Kilometer in 10 Etappen rund um Köln

von

Steffi Machnik

Gaasterland Verlag

Impressum

Die Deutsche Nationalbibliothek verzeichnet diese Publikation in der Deutschen Nationalbibliografie; detaillierte bibliografische Daten sind im Internet über http://dnb.d-nb.de abrufbar.

ISBN 978-3-935873-62-8

Gestaltung und Gesamtherstellung: Gaasterland-Verlag
Fotos: Steffi Machnik alle Aufnahmen außer:
Cornelis Gollhardt/Koeln Bäder (S. 102), Biber Happe (Rückseite)
Kölner Grün Stiftung (S. 8), n.n. (S. 6), Ute Prang (S. 28/29),

Karten-Vorlagen: Kölner Grün Stiftung / Greven Verlag, Köln

Wir danken der Kölner Grün Stiftung herzlich für ihre Unterstützung.

Besuchen Sie uns im Internet: www.gaasterland-verlag.de

Alle Angaben in diesem Führer wurden sorgfältig recherchiert und überprüft. Irrtümer können wir denoch nicht ausschließen und Informationen könnten zwischenzeitlich nicht mehr aktuell sein. In diesem Fall sind wir dankbar für einen Hinweis. Verlag und Autor übernehmen keine Haftung für falsche Angaben.

>> Zum Zeitpunkt der Drucklegung der 2. Auflage im Frühjahr 2020 waren die Auswirkungen der Corona-Pandemie noch nicht absehbar, daher sind insbesonders die Hinweise auf gastronomische Einrichtungen unter Vorbehalt zu betrachten.

Inhalt

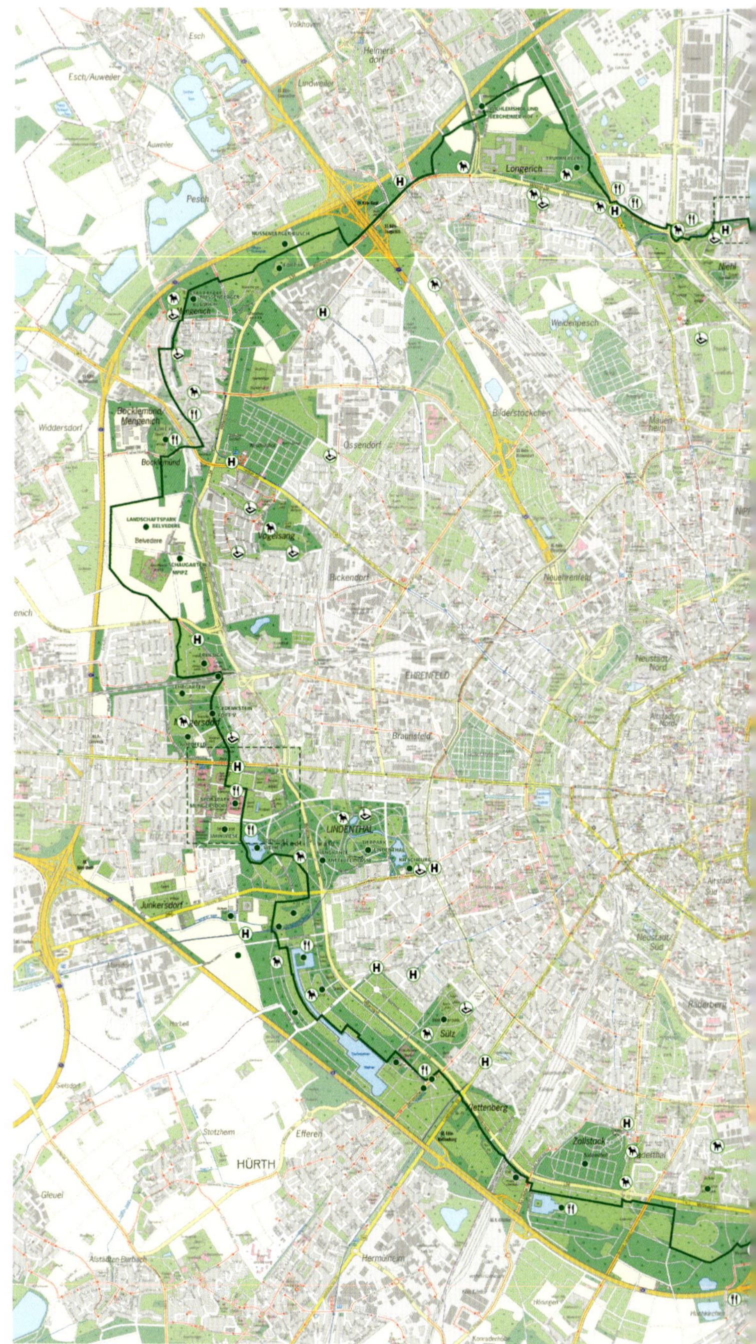

Esch
Volkhoven
Heimersdorf
Esch/Auweiler
Lindweiler
Auweiler
Pesch
Longerich
Niehl
Mengenich
Weidenpesch
Bilderstöckchen
Mauenheim
Widdersdorf
Bocklemünd/Mengenich
Bocklemünd
Ossendorf
LANDSCHAFTSPARK BELVEDERE
Belvedere
Vogelsang
Bickendorf
Neuehrenfeld
EHRENFELD
Neustadt/Nord
Braunsfeld
LINDENTHAL
Junkersdorf
Altstadt/Süd
Neustadt/Süd
Raderberg
Sülz
Klettenberg
Zollstock
Stotzheim
Efferen
HÜRTH
Gleuel
Hermülheim

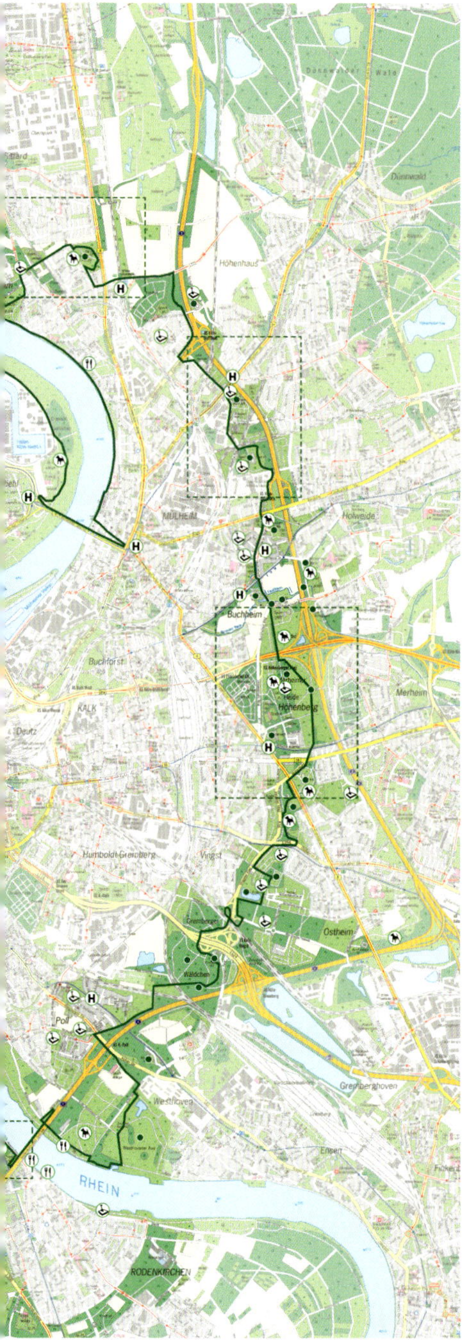

Der Grüngürtel-Rundweg im Überblick

Der Rundweg

Haltestelle
(Bus, Straßenbahn, U-Bahn, S-Bahn)

Speis und Trank

 Spielplatz

 Hundefreilauf

Besondere Orte

Abkürzungen im Text:

Die Karte wurde freundlicherweise von der Kölner Grün Stiftung zur Verfügung gestellt.
Hinweise in den Kartenausschnitten zu den Etappen beziehen sich auf das Buch „Grüngürtel Impuls Köln“, das die Kölner Grün Stiftung 2013 herausgegeben hat.

Vorworte

Liebe Kölnerinnen und Kölner,

das Kölner Grünsystem mit dem Äußeren und Inneren Grüngürtel, das in den 1920er Jahren auf den ehemaligen preußischen Festungsanlagen entstand, ist als Erholungsraum, als stadtgestalterisches Element und in seiner landschaftsarchitektonischen Ausformung von unschätzbarem Wert. Ich möchte Sie dazu einladen, auf dem Grüngürtel-Rundweg zu wandern, um diesen besonderen Landschaftspark mitten in unserer Großstadt Köln kennenzulernen. Die Gesamtlänge von 63 Kilometern ist in zehn Etappen eingeteilt; Start- und Zielorte sind jeweils mit öffentlichen Verkehrsmitteln zu erreichen. Dem bequemen Wandern in der Stadt steht nichts entgegen.

Machen Sie sich auf den Weg und folgen Sie den grünen Wegzeichen durch offene Wiesenlandschaften und alte Laubwälder, an Industrieanlagen und Wohnsiedlungen vorbei, über Bäche und über den Rhein. Nutzen Sie die Möglichkeit, direkt ab Ihrer Haustür bei einem kürzeren Spaziergang oder einer längeren Wanderung vom Alltags- und Berufsstress abzuschalten und lernen Sie den Grüngürtel kennen, der vor knapp einhundert Jahren von Oberbürgermeister Konrad Adenauer, dem aus Hamburg stammenden Stadtplaner Fritz Schumacher und Gartenbaudirektor Fritz Encke geplant und angelegt worden ist. Politiker, Planer und Praktiker – alle Drei hatten gemeinsam die Vision einer wachsenden Stadt vor Augen, die nur dann lebenswert bleiben könne, wenn Aspekte der Ökologie, der Gesundheit und des Klimas gleichermaßen Berücksichtigung fänden.

Sie nutzten die Chance, in bewegten Zeiten eine zukunftsweisende Planung des städtischen Grüns umzusetzen, und schufen Parks, Gärten und Sportplätze, die heute noch genauso wertvoll sind wie bei ihrer Eröffnung.

Jetzt stehen wir wieder vor der Aufgabe, die wachsende Stadt Köln lebenswert zu erhalten und das vor dem Hintergrund des Klimawandels und gesellschaftlicher Veränderungen. Immer mehr Menschen drängen in ihrer Freizeit nach draußen, nutzen Parks und Plätze für Spiel, Sport und Entspannung. Damit der Grüngürtel auch diese Herausforderungen in Zukunft bestehen kann, gilt es, Natur und Landschaft wertzuschätzen, um sie langfristig zu sichern und behutsam weiterzuentwickeln. Machen Sie sich auf den Grüngürtel-Rundweg, erleben Sie die Landschaft in der Stadt im Wandel der Jahreszeiten und genießen Sie das Kölner Grün.

Ihre Elfi Scho-Antwerpes
Bürgermeisterin der Stadt Köln

Mit diesem informativen und schönen Wanderbuch rückt Kölns Äußerer Grüngürtel noch stärker in den Focus des Interesses der Bürger – eines der großen Ziele der Kölner Grün Stiftung. Erst 2014 wurde der 63 km lange Rundweg mit Landschaften, Wäldern und Auen im rechtsrheinischen und linksrheinischen Köln vom Grünflächenamt ausgewiesen und dieser zusammenhängende Wanderweg ermöglicht.

Vorausgegangen war der Entwicklungsprozess „Grüngürtel-Impuls", den die Kölner Grün Stiftung zuvor mit Bürgern, der Stadtverwaltung und -politik, Landschaftsarchitekten und Stiftungsmitgliedern auf den Weg gebracht hatte. Es galt dieses historische, unter Denkmalschutz stehende Kulturgut für die Zukunft zu sichern und das Bewusstsein für den Erhalt und die behutsame Nutzung des Äußeren Grüngürtels zu schärfen.

In den vergangenen Jahrzehnten hat sich das Nutzerverhalten der Menschen in öffentlichen Parkanlagen verändert: Fand man in den 80er Jahren noch Schilder „Betreten des Rasens verboten", so sind heute genau diese Wiesen als Liegewiesen oder öffentliche Sport- und Freizeitflächen zu finden. Drei Jahre lang arbeiteten Bürger bis 2013 in zahlreichen Workshops an Plänen mit, diskutierten und definierten zusammen mit allen Beteiligten der Verwaltung eine Prioritätenliste für die Vollendung einer fast 100 Jahre andauernden Vision. Der Rat der Stadt Köln stimmte zu und verabschiedete diesen Entwicklungsplan, Oberbürgermeister Jürgen Roters unterschrieb gemeinsam mit den Stiftungsgründern der Kölner Grün Stiftung, Paul Bauwens-Adenauer und Dr. Patrick Adenauer, eine Charta für die Zukunft.

Einer der wichtigsten Punkte der Prioritätenliste war seinerzeit einen durchgehenden Weg durch den historischen, unter Denkmal-

schutz stehenden, Grüngürtel zu finden, ihn auszuzeichnen. Konnte man zu der Zeit den linksrheinischen Grüngürtel mühelos begehen, so stellte sich der rechtsrheinische Grüngürtel fragil und teilweise nicht geschlossen dar. Viele Bürger wussten vorher nicht, dass sich der Grüngürtel, obwohl er so heißt, diese Stadt ganz umschließt. Es gehört zu den erklärten Zielen der Kölner Grün Stiftung, dieses weiter und bei allen Generationen stetig ins Bewusstsein zu rufen.

Die Kölner Grün Stiftung ihrerseits wählte dazu traditionelle wie auch moderne Wege, um den zu bewahrenden Schatz der kommenden Generation auch näher zu bringen. Unter dem Thema „Mein Grüngürtel Rundweg" gab sie zuerst eine sehr beliebte Rundwegkarte heraus, ließ den Weg in Kooperation mit dem Sauerländischen Gebirgsverein von einem ausgebildeten Wegemarkierer auszeichnen, finanzierte 50 große Holzstelen mit Informationen vor Ort und weiterführenden QR-Code. Die Stiftung veröffentlichte zudem sehr erfolgreich eine kostenlose App, die regelmäßige Updates erfährt.

Somit schließt sich mit diesem interessanten Wanderbuch ein Kreis. Es öffnet mit einer Vielzahl von unterschiedlichen Blickwinkeln dem Wanderer die Augen für die schönen Dinge dieses Äußeren Grüngürtels.

Beatrice Bülter
Vorstand Kölner Grün Stiftung
www.koelner-gruen.de

Am Adenauer Weiher im morgendlichen Herbstlicht

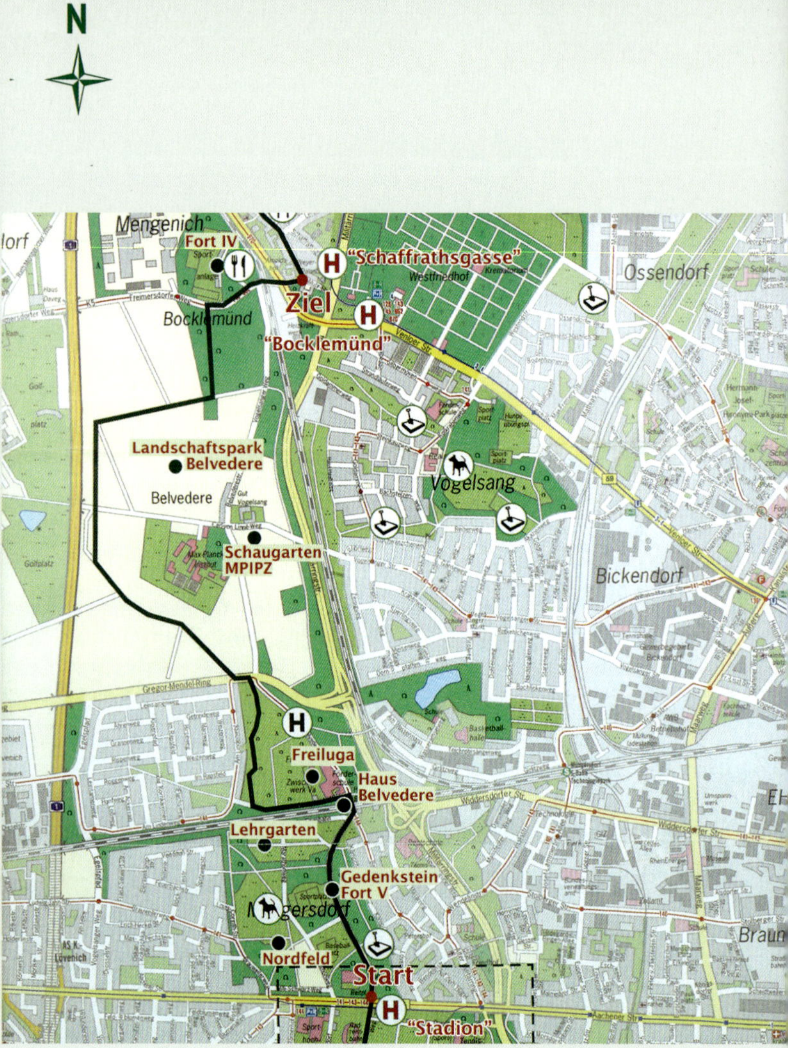

Mengenich
Fort IV
"Schaffrathsgasse"
Westfriedhof
Ossendorf
Ziel
Bocklemünd
"Bocklemünd"
Landschaftspark Belvedere
Belvedere
Vogelsang
Schaugarten MPIPZ
Bickendorf
Gregor-Mendel-Ring
Freiluga
Haus Belvedere
Widdersdorfer Str.
Lehrgarten
Gedenkstein Fort V
Braun
Nordfeld
Start
"Stadion"
Aachener Str.

Etappe 1: Die Idee des Äußeren Grüngürtels

1

Von Müngersdorf nach Bocklemünd

Länge	6 Kilometer
Wanderzeit	2 Stunden
Start	Müngersdorf, KVB-Haltestelle „Stadion“
Ziel	Bocklemünd, KVB-Haltestelle „Schaffrathsgasse“ am Militärring. 300 Meter entfernt KVB-Haltestelle „Bocklemünd“. Von dort fahren sogar zwei Bahnlinien Richtung Innenstadt.
Einkehren	**altes Poststadion**, Freimersdorfer Weg 4, Tel. 0221/ 500 78 17, www.altespoststadion.de **Restaurant Adria**, Grevenbroicher Straße 59, Tel. 0221/ 50 82 05, www. koeln-adria.de
Info	www.colognecardinals.de www.koelnerreitundfahrverein.de www.buergerverein-koeln-muengersdorf.de www.bahnhof-belvedere.de www.ungersarchiv.de www.freiluga-schulbio.de www.wissenschaftsscheune.de www.tpsk.koeln Besucherführungen auf dem Studiogelände des WDR: www1.wdr.de/unternehmen/der-wdr/serviceangebot/services/besucherfuehrungen100.html

Adenauer Weiher

Es gibt tatsächlich nur eine Option, wo sich Start und Ziel des Grüngürtel-Rundwegs treffen und den Kreis vollenden können: im Kölner Westen, im Sportpark Müngersdorf. An dieser Stelle des Äußeren Grüngürtels, mit Blick über die Vorwiesen auf das Rhein-Energie-Stadion und nicht weit vom Adenauer Weiher entfernt, kommt all das zusammen, was Konrad Adenauer, von 1917 bis 1933 Oberbürgermeister seiner Heimatstadt Köln, bei der Anlage des grünen Rings um die Domstadt im Sinn hatte: den Bewohnern einer stetig wachsenden Großstadt die lebensnotwendige Erholung vor ihrer Haustür, in der Natur zu ermöglichen, darüber hinaus bestehende Grünflächen und Parks mit Radialen, die strahlenförmig ins Umland reichen, sinnvoll zu verbinden und auch einen Schutz zur Braunkohle-Industrie im Westen zu schaffen.

Zusammen mit dem Stadtplaner Fritz Schumacher ließ er Parks, Gärten und Sportplätze anlegen und schaffte es, eine moderne, zukunftsweisende Grünflächenplanung in die Struktur einer in Jahrhunderten gewachsenen Stadt einzupassen. Platz dafür bot der Ring der preußischen Festungsanlagen, die nach dem Ersten Weltkrieg aufgrund des Versailler Vertrages geschleift werden mussten. Mit eindringlichen Worten schwört Adenauer die Kölner 1919 auf seine Idee ein: „Jetzt muss es sich entscheiden, ob Köln eine riesige Steinwüste sein wird oder aber eine Stadt, deren Bewohner ein menschenwürdiges Dasein führen können." Adenauer gelingt es in der schwierigen Nachkriegszeit, den Äußeren Grüngürtel, einschließlich des Sportparks Müngersdorf, zu gestalten. Der wird am 16. September 1923 eingeweiht und ist mit 80 Hektar Größe und einem Stadion mit Platz für 80.000 Zuschauer die größte deutsche Sportanlage bis zur Eröffnung des Berliner Olympiageländes im Jahr 1936. Und Fritz Schumacher, zu seiner Zeit der maßgebende deutsche Städteplaner, der zusammen mit Adenauer während seiner Zeit in Köln von 1920 bis 1923 den Gesamtentwicklungsplan für den Äußeren Grüngürtel erstellte, sagt zum Erfolg des städtebaulichen Großprojekts, das immerhin eine Länge von 42 Kilometer hat: „Alle entscheidenden Wendungen der Kulturpolitik sind nur in aufgewühlten Zeiten möglich, die das Starre für einen Augenblick plastisch machen. Wehe, wenn in solchen Augenblicken der Mann fehlt, der den Mut hat, in diese plastische Masse zu greifen und ihr Form zu geben."

Auf einer Wanderung über den Grüngürtel-Rundweg lässt sich erleben, wie gut das vor fast 100 Jahren gelungen ist. 60 Kilometer,

Markierung des Grüngürtel-Rundweges

die zeigen, wie grün Köln an vielen Stellen ist. Wer sich auf den Weg macht, erlebt ein städtisches Grünsystem, das einzigartig in Mitteleuropa ist und heute wieder als Vorbild für eine moderne Stadtplanung dient.

Zwar ist die **Aachener Straße**, Start der ersten Etappe, die Begrenzung des Sportparks Müngersdorf nach Norden, aber mittlerweile ist die Sportbegeisterung über diese Grenze geschwappt. Der Grüngürtel-Rundweg folgt dem **Walter-Binder-Weg** – der an den Kölner Fußballer und Sportjournalist (1896-1930) erinnert – und gleich links liegen die Stallungen des ältesten deutschen Reitvereins, des „Kölner Reit- und Fahrvereins", der 1880 als „Reit- und Fahrverein für Köln und Umgebung" gegründet wurde. Mitte der 1990er Jahre haben die Reiter einen Teil ihrer Anlage an die benachbarten „Cologne Cardinals" abgegeben. Der Baseball-Verein gründete sich 1983, als der Sport in Deutschland immer populärer wurde und sogar eine Baseball-Bundesliga aus der Taufe gehoben wurde. Seit 1997 entspricht das „Circlewood Stadium" den US-amerikanischen Maßen und kann für die offiziellen Ligaspiele genutzt werden.

Der **Walter-Binder-Weg** ist für den Durchgangsverkehr gesperrt, wird aber bei Veranstaltungen im Stadion als Parkplatz genutzt. Und obwohl die asphaltierte Straße als Wanderweg eher suboptimal ist, lassen die hohen Bäume rechts und links des Weges schnell

Hohe Bäume begrenzen den Walter-Binder-Weg

vergessen, dass die viel befahrene Aachener Straße nur wenige Meter hinter uns liegt. Die Luft im Wäldchen ist frischer, der Autolärm rückt immer mehr in den Hintergrund und plötzlich ist Vogelgezwitscher zu vernehmen. Menschen zu Fuß oder auf dem Fahrrad bestimmen jetzt das Tempo. Der Weg öffnet sich in eine Parklandschaft; links liegt ein ganz normaler Fußballplatz. Sportplätze, Spielplätze, Licht- und Sonnenbäder, Schwimmbäder und Waldschulen waren die Einrichtungen, die Adenauer und Schumacher im Äußeren Grüngürtel der Bevölkerung zur Verfügung stellen wollten, entsprechend den Reformideen der Volksparkbewegung der 1920er Jahre. Adenauer erreichte mit seinem Verhandlungsgeschick, dass nicht alle preußischen Verteidigungsanlagen abgerissen werden mussten, sondern manche Gebäude Sportvereinen zur Verfügung gestellt werden konnten wie Fort IV am Ende dieser Etappe oder zu Bildungseinrichtungen umfunktioniert wurden wie das Zwischenwerk Va, die Freiluga, die Freiluft- und Gartenschule an der Belvederestraße, die der Grüngürtel-Rundweg im weiteren Verlauf streift.

Die sanften Mulden im Gelände verraten, das hier, in Höhe des Sportplatzes, das Fort V stand. Es wurde 1962 dem Erdboden gleichgemacht, denn mit ihm verband sich eines der düstersten Kapitel deutscher Geschichte. Von Dezember 1941 bis März 1945 wurde die Anlage, die schon seit den 1870er Jahren bis 1918 als Militärgefängnis

Stahlwand als Denkmal an das Deportationslager Köln-Müngersdorf

gedient hatte, als Sammellager genutzt. Zuerst wurden hier Menschen jüdischen Glaubens aus Köln und Umgebung – damals lebten noch 5500 von ihnen in der Stadt – auf engstem Raum zusammengepfercht, bevor sie in die Ghettos und Vernichtungslager nach Osten abtransportiert wurden. Nachdem Köln im Sommer 1943 „judenfrei" war, wurden Zwangsarbeiter ins Fort und ins benachbarte Barackenlager eingewiesen, das die jüdische Gemeinde auf eigene Kosten hatte errichten müssen. Auf dem Gelände befindet sich heute die Schrebergartenanlage „Waldfriede". Bemerkenswert ist dabei, dass der Grundriss der Anlage, die Position des Eingangstores und der Verlauf der Wege noch identisch sind mit dem damaligen Lager.

Fast 40 Jahre lang erinnerte nur ein unscheinbarer Findling am Weg mit einer verwitterten Messingplatte an dieses Lager, das längst nicht so bekannt ist wie das Messelager in Deutz, das Deportationsort und Außenstelle des Konzentrationslagers Buchenwald war. In das Messelager war auch Konrad Adenauer im August 1944 nach seiner Inhaftierung gebracht worden. Viele Jahre plante und kämpfte der rührige „Bürgerverein Müngersdorf" dafür, an dieser Stelle des Grüngürtels den „Gedenkort Deportationslager Köln-Müngersdorf 1941-45" einzurichten, um auf seine besondere Bedeutung für die Geschichte des Nationalsozialismus in Köln aufmerksam zu machen. Anfang des Jahres 2020 wurde das Denkmal aufgestellt. Der Entwurf

Der Bahnhof Belvedere ist ein Denkmal aus der Frühzeit der Eisenbahn

„Wall" stammt aus dem Nachlass des Künstlers Simon Ungers (1957-2006), Sohn des weltbekannten Architekten Oswald Matthias Ungers, der in Müngersdorf lebte. Simon Ungers Schwerster Sophia, die den Nachlass verwaltet, stellte die Vorlage kostenlos zur Verfügung. Es war einer der beiden Siegerentwürfe des Wettbewerbs zum „Denkmal für die ermordeten Juden Europas" aus dem Jahr 1995, der allerdings nicht realisiert wurde. Eine vier Meter hohe und 19 Meter lange, rostige Wand aus Stahlträgern mit sieben Öffnungen, die an Fenster erinnern, steht nicht weit vom Weg entfernt als Symbol für die Gefangenschaft der Juden, Zwangsarbeiter und anderer Verfolgter im Dritten Reich. Zusammen mit einem „Weg des Gedenkens" aus Backsteinen zum ehemaligen Barackenlager soll die Erinnerung an ihr Schicksal in die nächsten Generationen getragen werden.

Mit jedem Schritt auf dem Grüngürtel-Rundweg entfernen wir uns immer mehr von diesem besonderen Ort des Gedenkens und erreichen am Ende des Walter-Binder-Weges schon gleich das nächste Denkmal, das an die Frühzeit der Eisenbahn erinnert. Es ist der Bahnhof Belvedere an der **Belvederestraße**, der 1839 eingeweiht wurde und am Beginn des „Eisernen Rhein" lag, der Bahnstrecke von Köln an die belgische Nordseeküste, der weltweit ersten internationalen Bahntrasse. 1835 gilt als das Geburtsjahr der Eisenbahn und schon vier Jahre später, am 2. August 1839, wird das klassizistische Gebäude,

Nur im Winter geben die Bäume den Blick auf den Dom frei

das wahrscheinlich der Architekt Matthias Biercher, ein Schüler Karl Friedrich Schinkels, entworfen hat, seiner Bestimmung übergeben. Der Bahnhof Belvedere gehörte der privaten Rheinischen Eisenbahn-Gesellschaft. Mit dem neuen Massenverkehrsmittel kamen auf der sieben Kilometer kurzen Ausflugsstrecke vom Bahnhof Thürmchenswall bis zur Endstation in Müngersdorf plötzlich viel mehr Kölner Bürger in den Genuss einer ganz besonderen, sonntäglichen Landpartie. Schließlich bot das im Stil eines repräsentativen Landhauses gebaute Empfangsgebäude vom Balkon auf der Vorderseite eine schöne Aussicht („Belvedere") übers freie Feld auf das Kölner Panorama, während im Wintergarten und mit Blick auf das große Parkgelände die ersten Bahnreisenden in Ruhe eine Tasse Kaffee trinken konnten. Von besonderer historischer Bedeutung ist das Haus auch deshalb, weil es einer der ältesten, im Originalzustand erhaltenen Bahnhöfe Deutschlands ist. Ende 2010 gründete sich deshalb der „Förderkreis Bahnhof Belvedere", der das Haus „museal erschließen und für die Allgemeinheit öffnen" will. Allerdings hatte das Haus in den zurückliegenden Jahrzehnten arg gelitten, obwohl der Verfall schon deutlich früher begann. Der Eisenbahnverkehr entwickelte sich so rasant, dass schon in der ersten Hälfte des 19. Jahrhunderts der kleine Bahnhof vor den Toren Kölns seine Bedeutung verlor und stillgelegt wurde. Seit 1892 gehören Haus und Park der Stadt Köln, die das Ensemble zuletzt mehr als vier Jahrzehnte an den Künstler Günter Maas und

Das ehemalige Atelierhaus von Gerhard Marcks

seine Familie vermietet hatte. Als Maas 2010 starb, wollte die Stadt das stark sanierungsbedürftige Haus mit dem großen Grundstück verkaufen. Das konnte der Förderkreis verhindern und setzt sich seitdem mit unermüdlichem Engagement, mittlerweile im Einvernehmen mit der Verwaltung, für die Sanierung des denkmalgeschützten Ensembles ein, um es für kulturelle Zwecke zu nutzen. Dafür braucht es nicht nur Geld, sondern auch einen langen Atem und viel Geduld, wenn sich trotz guten Willens Denkmalschutz und Naturschutz in die Quere kommen. Denn die großen, alten Platanen im Park, die unter Naturschutz stehen, haben sich im Laufe der Jahrzehnte ausgebreitet und setzen dem Gebäude mächtig zu. Die schöne Aussicht auf den Kölner Dom gibt es leider nur noch im Winter, wenn die Bäume ihre Blätter verloren haben. Wer sich rechts auf die Brücke stellt, die über die Gleise führt, kann die Domtürme durch die Äste erkennen.

Der Grüngürtel-Rundweg führt am Zaun des langgestreckten Parkgeländes entlang, und obwohl der Garten verwildert ist, lassen sich immer noch die besondere Ausstrahlung und die Atmosphäre dieses Ortes erleben, der abseits des hektischen Großstadtbetriebs liegt. Das gilt auch für das Haus, das nur wenige Meter weiter auf der rechten Seite, versteckt hinter einer immergrünen Hecke, steht. Es ist das ehemalige Atelierhaus von Gerhard Marcks (1889-1981), das die Stadt dem Bildhauer von 1950 bis zu seinem Tod zur Verfügung

Abguss der „Aegina“ im ehemaligen Atelierhaus von Gerhard Marcks (1889-1981)

stellte. Gebaut hat es der Kölner Architekt Wilhelm Riphahn, der vor und nach dem Zweiten Weltkrieg mit seinen Entwürfen zahlreiche stadtplanerische Impulse in seiner Heimatstadt gesetzt hat. Auch die Kölner Oper (eröffnet 1957) stammt von ihm. Der in Berlin geborene Marcks war unter anderem Lehrer am weltberühmten Bauhaus in Weimar, musste dann aber erleben, wie seine Werke im Dritten Reich als entartete Kunst galten. Nach dem Krieg bedachte die Stadt Köln ihn mit zahlreichen Aufträgen, die immer noch im Stadtbild vorhanden sind. Das bekannteste Werk ist sicherlich die Figur des Albertus Magnus, die seit 1955 vor dem Hauptportal der Universität steht. Heute hat ein Architekt sein Büro in dem weißen Haus, dessen Garten ein Abguss der „Aegina“ schmückt. Marcks war einer der zahlreichen Künstler, die in Müngersdorf lebten und arbeiteten. Heinrich Böll (1917-1985) hatte von 1954 bis 1969 sein Zuhause in der Belvederestraße, der Mäzen und Kunstsammler Josef Haubrich (1889-1961) lebte die letzten zehn Jahre seines Lebens im Kämpchensweg; der Dirigent Günter Wand (1912-2002) und der Architekt Oswald Mathias Ungers (1926-2007) waren ebenfalls hier heimisch. Sein 1958 erbautes Wohnhaus ist heute Sitz der Stiftung „Ungers Archiv für Architekturwissenschaft“. In keinem anderen Kölner Stadtteil wohnten in der Nachkriegszeit so viele Künstler, die teils nur nachbarschaftlich, teils aber auch freundschaftlich miteinander verbunden waren.

Der Raps blüht im Landschaftspark Belvedere

Mit dem Überschreiten der Eisenbahntrasse Köln-Aachen haben wir den Landschaftspark Belvedere erreicht, den jüngsten Teil des Äußeren Grüngürtels, der von 2011 bis 2014 als ein Projekt der Regionale 2010, des Strukturförderprogramms des Landes NRW, verwirklicht worden ist. Der 300 Hektar große Park, der im Westen von der Autobahn 1 und im Osten von der Militärringstraße begrenzt wird, ist ein gelungenes Beispiel dafür, wie die visionären Ideen von Adenauer und Schumacher noch im 21. Jahrhundert funktionieren. Eigentlich sollte dieser Teil des Rayons – des frei zu haltenden Schussfeldes vor den Befestigungsanlagen – ebenfalls noch zu Adenauers Zeiten in den Äußeren Grüngürtels mit einbezogen werden. Doch das Vorhaben geriet aus dem Blick – und erst wieder in den Focus der Öffentlichkeit, als zu Beginn der 2000er Jahre die fruchtbare Ackerfläche in ein Gewerbegebiet umgewandelt werden sollte. Engagierte Bürger aus dem Kölner Westen gründeten daraufhin den „Freundes- und Förderkreis zur Vollendung des Äußeren Grüngürtels“ und konnten Konrad Adenauer, den Enkel des ehemaligen Oberbürgermeisters, als Schirmherr für ihr Vorhaben gewinnen. Unter dem Dach der Regionale 2010 entstand innerhalb von drei Jahren der Landschaftspark Belvedere, der einerseits die gestalterischen Vorgaben des Äußeren Grüngürtels mit großzügigen Freiflächen im Innern und schützenden Wäldern an seinen Rändern verwirklichte und andererseits, als neues Element, die jahrzehntelange landwirtschaftliche Nutzung des fruchtbaren

Felder und schöne Baumreihen gehören auch zum Landschaftspark

Lössbodens in die Landschaftsgestaltung mit einbezog. Dieser Ansatz drängte sich auf, denn seit 1955 befindet sich das „Max-Planck-Institut für Pflanzenzüchtungsforschung“ (MPIPZ) mitten im (heutigen) Landschaftspark Belvedere. Daneben liegt Gut Vogelsang, der Hof, der im Auftrag des Instituts die umliegenden Felder bewirtschaftet. Wer neugierig ist, was in den Gewächshäusern vor sich geht, deren Licht in der dunklen Jahreszeit so warm nach draußen strahlt, kann sich in der Wissenschaftsscheune schlau machen oder im Lehrgarten des MPIPZ. Schließlich starteten die Wissenschaftler 1990 hier den deutschlandweit ersten Freilandversuch mit gentechnisch veränderten (gv) Petunien. Nach der Euphorie in den ersten Jahren des neuen Jahrhunderts änderte sich die öffentliche Meinung. Mittlerweile finden in Deutschland keine Freilandversuche mit gv-Pflanzen mehr statt.

Aber noch an anderer Stelle gab es viel Aufregung im Park: Umstritten waren die vier Aussichtstürme, die Belvederes, stabile Bauten aus Stahl von einem bis zwölf Meter Höhe, mit den Namen „Blickfang“, „Domblick“, „Felderblick“ und „Ausblick“. Manch ein Spaziergänger hielt ihren Bau für eine Verschwendung von Steuergeldern. Aber ab und zu mal die Perspektive zu wechseln, kann sehr hilfreich sein.

Die neuen Wege im Landschaftspark wurden behutsam angelegt. Am Ende des **Gerhard-Marcks-Wegs** führt der Grüngürtel-Rundweg,

Ein besonderes Köln-Panorama bietet sich vom Aussichtsturm Domblick

parallel zur Bahnstrecke, an einer alten Baumschule vorbei, die weiterhin umzäunt bleibt, um die Tiere, die sich dort im Laufe der Jahre angesiedelt haben, nicht zu stören. Der Laubwald mit den Bäumen, die in Reih und Glied stehen, ist die Rückseite der „Freiluga", der „Freiluft- und Gartenarbeitsschule", die 1925 von Adenauer und Stadtschulrat Fritz Schu ins Leben gerufen wurde. Sie wurde neben und auf den Resten des ehemaligen Zwischenwerks Va errichtet, und ist heute der älteste außerschulische Lernort für Umweltbildung in Köln. Die Idee ist damals wie heute lebendig: Großstadtkinder sollten sich in frischer Luft tummeln und gleichzeitig Verständnis für die Natur entwickeln.

Durch eine Streuobstwiese, die am Rand der Siedlung am **Egelspfad** liegt, einer Ansammlung von Villen und anderen teuren Häusern, und über den **Gregor-Mendel-Ring** – der an den Begründer der Vererbungslehre erinnert – führt der Grüngürtel-Rundweg am westlichen Rand des Landschaftsparks Belvedere entlang. Die Bäume und Sträucher entlang der Autobahn müssen noch kräftig wachsen, um einen ordentlichen Lärmschutz zu bilden und der kleine Platz mit der „Gründungseiche", der an den Start des Projekts erinnert, lädt aufgrund des starken Autoverkehrs nicht wirklich zum Verweilen ein. Bei gutem Wetter reicht allerdings von hier der Blick bis zur Glessener Höhe, dem rekultivierten Braunkohletagebau in der Ville. Damit verknüpft

Fort IV, erbaut von 1874 bis 1877, zählt zu den größten Festungsanlagen in Köln

ist noch eine weitere Funktion, die Adenauer und Schumacher dem Äußeren Grüngürtel zugedacht hatten: die Stadt im Westen gegen den Braunkohletagebau abzuschirmen. Den wird es im rheinischen Revier aufgrund des Klimawandels allerdings nicht mehr lange geben.

Auf der Strecke vom ersten Turm mit dem Namen „Blickfang" zum „Domblick" lohnt es sich, statt Landschaft mal den Boden zu betrachten. Denn alle Wege im Park sind nur auf einer Seite asphaltiert, die andere Seite ist festgestampfer Schotter. Eine genial-einfache Lösung für Wanderer und Radfahrer, die alle zufrieden stellt. Denn nichts ist schlimmer, als kilometerweit über schmale Straßen oder asphaltierte Feldwege wandern zu müssen. Über kurz oder lang brennen die Beine. Und Pferde und Jogger freuen sich auch über die gelenkschonende Unterlage.

Am Freimersdorfer Weg verlassen wir den Landschaftspark, überqueren die Straße und können die erste Etappe, jedenfalls von dienstags bis freitags, im Biergarten des Lokals „altes Poststadion" ausklingen lassen. Das liegt am Rand der großen Sportanlage des TPSK, der Telekom-Post-Sportgemeinschaft Köln. Mit 2.500 Mitgliedern und 25 Sportarten ist der 1925 gegründete Verein einer der größten Breitensportvereine Kölns. Die elf Hektar große Sportanlage, die 1927 eingeweiht wurde, entstand auf dem Gelände von Fort IV.

Noch immer liegen unter der Grasnarbe die Reste der alten Kaserne, deren Geländeprofil geschickt in die Gestaltung einbezogen wurde, so dass der Park mit drei Fußballplätzen, Tenniscourts und Beachvolleyball-Feldern zu den schönsten Sportanlagen in Köln zählt. Er ist ein gelungenes Beispiel dafür ist, wie aus militärischen Anlagen Orte für friedliche Zwecke wurden, die bis heute hervorragend funktionieren und wo sich Sportler und Spaziergänger gerne aufhalten. Die Reste der Kehlkaserne – auf dessen Dach später das Lokal gebaut wurde – sind nicht vom Sportplatz aus zu erreichen, sondern nur über eine Zufahrt vom Freimersdorfer Weg. Wenn man die Straße am Ende des Landschaftsparks ein Stück in die andere Richtung geht, erreicht man das Studiogelände des WDR, wo von 1985 bis 2019 die Serie „Lindenstraße" produziert wurde.

Der Abstecher von der Straße zur Kaserne lohnt sich, denn von den zwölf großen Forts und 23 Zwischenwerken, die zwischen 1873 und 1881 entstanden, sind nur noch sechs erhalten und das in sehr unterschiedlichem Zustand. Die Reste von Fort IV, das von 1874 bis 1877 erbaut wurde, lassen erahnen, dass dieses Verteidigungsbauwerk mit einer Breite von 330 Metern und einer Tiefe von 210 Metern eines der drei größten in Köln war. Das breite, teils zweistöckige Backsteingebäude sieht passabel aus, weil im rechten Flügel seit 2009 die Schlosserei des Ehrenfelder Vereins „Eva" für die Qualifizierung von Langzeitarbeitslosen ihren Sitz hat und im anderen Flügel Bands ihre Probenräume haben und der Motorradclub Gremium residiert.

Der Grüngürtel-Rundweg folgt dem **Freimersdorfer Weg** über die Bahngleise und die **Venloer Straße** bis zum Eingang von Alt-Bocklemünd an der Kreuzung von **Andreas-Muhr-Straße** und **Grevenbroicher Straße**. Von hier aus sind es nur 200 Meter bis zur nächst gelegenen KVB-Haltestelle „Schaffrathsgasse" am Militärring. 300 Meter entfernt ist die KVB-Haltestelle „Bocklemünd". Von dort fahren sogar zwei Bahnlinien Richtung Innenstadt.

Der Aussichtsturm „Domblick“ hält, was er verspricht

Auweiler
Pesch
Nüssenberger-Busch
Fort III
Nüssenberger Busch
Mengenich
H
Ziel
"Bhf Longerich"
AK Köln-Nord
AS Köln-Longerich
Militärringstr.
Coloneum
AWB Wertstoff-Center
Bezirkssportanlage Bocklemünd
Hugo-Eckener-Str.
Gewerbegebiet Köln-Ossendorf
Justizvollzugsanstalt
Ossendorf
"Grevenbroicher Straße"
Start
FORT IV
Westfriedhof
"Bocklemünd"
Bocklemünd

Etappe 2: Von einem alten Dorf ins andere alte Dorf

2

Von Bocklemünd nach Longerich

Länge	6 Kilometer
Wanderzeit	2 Stunden
Start	Bocklemünd, KVB-Haltestellen „Bocklemünd“ oder „Schaffrathsgasse“
Ziel	Longerich, S-Bahnhof „Köln-Longerich“
Einkehren	**Restaurant Adria**, Grevenbroicher Straße 59, Tel. 0221/ 50 82 05, www.koeln-adria.de in Longerich: **Jägerhof**, Grethenstr. 66, 50739 Köln, Tel. 0221/ 599 30 53, www.web-flag.de/restaurant-jaegerhof.html **Alt Longerich** am Kriegerplatz, Kriegerplatz 2, 50739 Köln, Tel. 0221/ 599 13 09 kein www **Ristorante Da Enzo**, Longericher Hauptstr. 72, 50739 Köln, Tel. 0221/ 599 4296, https://daenzolongerich.wordpress.com/ **Trattoria Etna Da Carmelo**, Dionysstr. 3, 50739 Köln, Tel. 0221/ 599 22 70, www.trattoria-etna-koeln.de **Zum alten Brauhaus**, Dionysstr. 16, 50739 Köln, Tel. 0221/ 599 1500 www.gaffel.de/Koelsch-und-Essen/Auswaerts-geniessen/Zum_alten_Brauhaus-gg1431.html **Mühlenhof**, Wirtsgasse 7A, 50739 Köln, Tel. 0221/ 16 89 37 51, www.muehlenhof-koeln.de
Info	www.motorworld.de

Wegekreuz Andreas-Muhr-Straße/Ecke Grevenbroicher Straße

Obwohl schon lange kein Bauer mehr aus dem Dorf die umliegenden Felder bewirtschaftet, sind in Alt-Bocklemünd noch immer die dörflichen Wurzeln zu spüren. Am Ortseingang stehen Arnoldshof, Fettenhof und Weyerhof – mit der Jahreszahl 1778 an der Hauswand – dicht beieinander. Zwei dieser drei Höfe sind mittlerweile in moderne Wohnanlagen umgebaut worden und nur noch das Wegekreuz an der **Andreas-Muhr-Straße/Ecke Grevenbroicher Straße** erinnert an die erste urkundliche Erwähnung von Bocklemünd im Jahr 941. Besiedelt war diese Ecke von Köln allerdings schon in der Jungsteinzeit. Das Dorf im Kölner Westen mit der langen Geschichte blieb trotz der Eingemeindung nach Köln im Jahr 1888 und der Zusammenlegung mit dem Nachbardorf Mengenich 1950 vom Wachsen Kölns zur Großstadt am Rhein fast unberührt. Das änderte sich erst Mitte der 1960er Jahre, als der Bau der Großsiedlung Bocklemünd/Mengenich begann und neben dem alten ein neuer Stadtteil entstand. Der wurde ohne Skrupel in den Äußeren Grüngürtel gebaut. Aber nicht nur deshalb führt der Anfang der zweiten Etappe ein ganzes Stück über Asphalt. Schon vorher wurde irgendwie in Alt-Bocklemünd gebaut, und dabei hat das Dorf leider seine Eigenständigkeit verloren. Am zentralen Platz, dem Bürgerplätzchen, gibt es nur noch einen Bäcker und einen Bestatter. Für die Lebensmittel des täglichen Bedarfs müssen die Einwohner ins Zentrum des neuen Stadtteils fahren oder Richtung Bickendorf. Selbst der Friseurmeister beim „Friseur für Sie und Ihn" ist mindestens so alt wie der Stammkunde, der sich seit 60 Jahren hier die Haare schneiden lässt. Ein rühriger Bürgerverein versucht mittlerweile, ein wenig von den alten Strukturen und dem Zusammengehörigkeitsgefühl ins 21. Jahrhundert zu retten.

Der Weg durch Alt-Bocklemünd, durch **Grevenbroicher, Mengenicher und Untere Dorfstraße** ist durch Gegensätze geprägt: Hinter kleinen, ehemaligen Bauern- und Arbeiterhäuschen, hübschen Wohnhäusern aus den 1920er Jahren und Ein- und Zweifamilienhäusern aus den 1960er Jahren ragen mehrstöckige Mietshäuser mit Flachdach aus den 1970er Jahren hervor. Es ist eine bunte Aneinanderreihung von Gebäuden, aber das Fehlen eines Ortskerns macht sich immer wieder bemerkbar. Selbst der Friedhof liegt entkoppelt von der Kirche St. Johannes und das legendäre Lokal „Zum letzten Pferd" schloss 2012 seine Pforten. Übrig geblieben ist das Restaurant Adria. Über allem erhebt sich das 13-stöckige Verwaltungsgebäude des Bio-Campus Cologne, das bis 2002 noch den Schriftzug des Kölner Herstellers für Naturarzneimittel „Nattermann" trug. Der wurde

Schöne alte Wohnhäuser in Alt-Bocklemünd

1906 vom Apotheker August Nattermann und dem Kaufmann Rudolf Lappe in der Innenstadt gegründet und zog 1967 von Braunsfeld nach Bocklemünd. Auch wenn der Schriftzug verschwunden ist – der Pharmahersteller Nattermann produziert weiterhin und beschäftigt in Köln-Bocklemünd noch 440 Mitarbeiter; 2004 übernahm der französische Pharmakonzern Sanofi-Aventis das Unternehmen. Seit 2002 wird das Werksgelände als Zentrum für Unternehmen aus der Biotechnologiebranche entwickelt. 2011 kaufte die Stadt den Bio-Campus Cologne, den sie als Teil ihrer Wirtschaftsförderung betrachtet.

Von der **Unteren Dorfstraße** zweigt der Grüngürtel-Rundweg nach rechts in den **Michelsweg** ab und nach 150 Metern links in den Grünzug am Rand von Neu-Mengenich. Wir wandern an der nordwestlichen Ecke der Hochhaussiedlung entlang, die an dieser Stelle mit ihren vier- bis sechsstöckigen Häusern nicht so massiv wirkt wie im Zentrum mit Gebäuden bis zu 20 Stockwerken. Aber die farbig gestrichenen Balkone können nicht darüber hinwegtäuschen, dass es schwer fällt, sich in dieser genormten Architektur und dem eher tristen Umfeld wohl und heimisch zu fühlen. Davon zeugt auch der Sperrmüll, der sich rund um die Häuser angesammelt hat. Bocklemünd-Mengenich hatte jahrelang einen schlechten Ruf, weil in den zahlreichen Sozialwohnungen viele Menschen mit wenig Geld und vielfältigen Problemen lebten. Es entwickelte sich ein Ghetto für Kleinkriminelle und arbeitslose,

Einst schmückte der Name Nattermann das Dach des 13-stöckigen Bürogebäudes

frustrierte Jugendliche, denn es fehlten angemessene Treffpunkte. Ein Flachdach über dem Kopf, glatte Betonfassaden und autofreie Wege waren zu wenig, um ein Gefühl von Heimat zu entwickeln. Zudem fühlten sich die Bewohner abgekoppelt vom Rest der Stadt, denn die versprochene Straßenbahnverbindung wurde erst 2002 eröffnet – 36 Jahre, nachdem die ersten Bewohner eingezogen waren – und führte nur bis an den Rand der Siedlung. Die Pläne für einen unterirdischen Schienenweg bis ins Zentrum haben sich im Laufe der Jahrzehnte zerschlagen. 2018 wurden die Gleise um weitere 600 Meter bis zur neuen Endhaltestelle am Schumacherring verlängert. Dabei war der Bau der Großsiedlung im Kölner Westen eine vorbildliche soziale Leistung und das Ergebnis eines Wettstreits der beiden großen Volksparteien CDU und SPD. Die Bundesregierung hatte zwar 1962 die Wohnungsnot nach Ende des Zweiten Weltkriegs für beendet erklärt, aber in Köln und vielen anderen Großstädten sah es de facto noch anders aus. Familien mit geringem Einkommen und vielen Kindern lebten noch immer in viel zu kleinen Wohnungen ohne Bad. Das wollte die CDU ab 1965 mit dem Bau der Konrad-Adenauer-Siedlung im Kölner Osten in Neubrück, auf dem Gelände des ehemaligen Ostheimer Militärflughafens, ändern. Im Kölner Westen zogen die Sozialdemokraten im Kommunalwahlkampf 1964 nach. Unter dem Motto „Mit Burauen weiterbauen" sollte die Großsiedlung Bocklemünd/Mengenich entstehen, auf einer Fläche von 70 Hektar im Äußeren Grüngürtel, der bis

Park am Rand von Bocklemünd-Mengenich

dahin nur aus Feldern bestand. Widerstand regte sich nicht, und mit dem ersten Spatenstich im Sommer 1965 startete Oberbürgermeister Theo Burauen das ehrgeizige Wohnungsbauprojekt. Der Beschluss im Rat war einstimmig, denn von den fast 3000 Wohneinheiten, darunter 400 Einfamilienhäuser, sollten zwei Drittel öffentlich gefördert werden. Eine Traumquote, die bei der aktuellen Wohnungsnot in Köln wieder dringend nötig wäre. Unter dem Motto „Urbanität durch Dichte“ war zwar die Planung mit Einfamilien-Reihenhäusern im Inneren der Siedlung und Hochhäusern rund um das Görlinger Zentrum und an ihren Rändern gut gemeint, aber nicht gut gemacht. Die Hochhäuser wirkten wie gesichtslose Betonklötze; die Einzelelemente Straße, Grün und Hochhaus fanden nie zu einer Einheit. Die Bevölkerung von Bocklemünd/Mengenich wuchs innerhalb von zehn Jahren von 2500 Menschen auf fast 12.000. Auch dieser Zuwachs musste erst einmal verkraftet werden, alt mit jung musste verbunden werden. Ob das bis heute gelungen ist, darüber lässt sich trefflich diskutieren. Nur ein Versprechen wurde eingelöst: „Wohnen im Grünen“ mit dem Nüssenberger Busch im Norden, einem ökologisch wertvollen – nein, nicht Naturschutzgebiet, sondern „nur“ – Landschaftsschutzgebiet und dem Naherholungsgebiet Stöckheimer Hof hinter der Autobahn.

Der Grüngürtel-Rundweg überquert den **Buschweg** und führt am Ende der Wiese in den Laubwald. Wer im Frühjahr hier wandert, kann

Heckenrosen geben Insekten, Vögeln und kleinen Säugetieren Nahrung und Unterschlupf

den Teppich aus blühenden Buschwindröschen bewundern, der sich unter den noch kahlen Laubbäumen ausbreitet, von denen einige fast zweihundert Jahre alt sind. Dieser Teil des Nüssenberger Buschs, der von der Bevölkerung „Vogelwäldchen" genannt wird, ist zusammen mit dem Gremberger Wäldchen im Rechtsrheinischen (dort führt die 8. Etappe des Grüngürtel-Rundwegs durch) der letzte Rest des Kölner Waldes, wie er typisch im 19. Jahrhundert war und unter natürlichen Bedingungen hier immer noch wachsen würde: Buchen, Stieleichen und Hainbuchen, am Rand begrenzt von Esche und Traubenkirsche. Es ist zu jeder Jahreszeit eine wahre Freude, durch diesen letzten Rest von echtem Wald zu wandern und seiner besonderen Atmosphäre nachzuspüren.

Der Grüngürtel-Rundweg führt einmal der Länge nach durch den Nüssenberger Busch, der insgesamt 19 Hektar groß ist und nur an seinen Rändern „verbuscht" ist. Das Dach der namensgebenden Hofanlage ist zu Beginn des Weges auf der rechten Seite zu sehen. Große Teile des Geländes werden unter anderem auch durch die Beweidung mit Schafen freigehalten. Hecken aus Schlehen, Holunder und Haselnuss, die in den letzten Jahrzehnten angepflanzt wurden, stehen wie Inseln im Grünen und bieten nicht nur Vögeln Zuflucht, sondern sind auch wichtiger Lebensraum für Insekten und kleine Säugetiere. Kaum vorstellbar, dass dieses Areal bis 1996 Truppenübungsplatz der Soldaten

Steinerner Rest preußischer Festungsanlagen

aus der Bundeswehrkaserne in Longerich war. 1965 wurde sogar zu Übungszwecken das preußische Fort III gesprengt, dessen letzte steinerne Reste im Wäldchen auf der rechten Seite des Weges liegen, bevor der Grüngürtel-Rundweg die **Johannesstraße** erreicht. Ähnlich wie in der Wahner Heide hatten sich trotz Einsatz der Pioniere mit schwerem Gerät auf dem Gelände wertvolle Rückzugsgebiete für Amphibien und Vögel entwickelt. Nach der Aufgabe des Truppenübungsplatzes begann das städtische Grünflächenamt damit, diesen Teil des Äußeren Grüngürtels behutsam weiterzuentwickeln. Zwar wurden Wege für Spaziergänger angelegt, um die Nutzung in Bahnen zu lenken, aber auf Spielplätze und Liegewiesen wurde verzichtet. Das Gebiet mit seinen Sand- und Trockenrasen sollte naturnah erhalten bleiben. Tümpel für Grasfrosch, Erdkröte und Kammmolch wurden angelegt und sogar der Zoo kümmert sich in einem seiner Projekte um die Erhaltung der Wechselkröte, die stark gefährdet ist, aber in Köln noch vergleichsweise häufig vorkommt. Dem Durchschnittswanderer fällt der Wert dieser Fläche nicht direkt ins Auge, denn links tönt ununterbrochen der Lärm des viel befahrenen Kölner Autobahnrings, der in den 1960er Jahren an den Rand des Äußeren Grüngürtels gebaut wurde. Wir wandern durch magere Wiesen und an dornigen Schlehenhecken vorbei und im Herbst bläst der Wind ungehindert über die Ebene. Der Himmel ist weit und offen, Vögel tanzen in der Luft und nach und nach erschließt sich uns der spröde Charme des Biotops.

Aus dem Truppenübungsplatz wurde ein wertvolles Biotop in der Stadt

In Höhe der **Alten Escher Straße** trifft der Grüngürtel-Rundweg auf die **Militärringstraße** und wir stehen ein wenig verloren am Rand des Gewerbegebiets „Am Butzweilerhof", das früher einmal der Flughafen Butzweilerhof war. Gut ausgebaute Straßen mit zügigem Autoverkehr dominieren den Bereich, flache Gewerbehallen mit zahlreichen Parkplätzen breiten sich vor uns aus. Dass alles hier so optimal läuft, dafür sorgte die Ansiedlung der zweiten Ikea-Filiale auf Kölner Stadtgebiet im Jahr 2009. Flugs wurde die Alte Escher Straße ausgebaut und innerhalb von zwei Jahren die Straßenbahnlinie 5 von Ossendorf bis ins Gewerbegebiet verlängert. Neue Wohnhäuser entstanden erst am Rand und dann auf dem alten Flughafengelände, und nur noch das denkmalgeschützte Empfangsgebäude an der neuen Straßenbahnhaltestelle „Am Butzweilerhof" erinnert an den zivilen Lufthafen, der einst als „Luftkreuz des Westens" galt. Dieser entwickelte sich von 1926 – nach dem Ende der Besetzung des Rheinlandes und der Gründung der „Luft Hansa" – bis 1939, dem Beginn des Zweiten Weltkriegs, zum zweitgrößten deutschen Flughafen nach Berlin-Tempelhof. Begonnen hatte alles 1909 mit dem Bau einer riesigen Zeppelinhalle, in die drei Luftschiffe passten. Für Aufsehen sorgte im August desselben Jahres die Landung des größten Luftschiffes der Welt, gesteuert von Graf Zeppelin. Einen Monat zuvor hatte Kaiser Wilhelm II. den Ort als „Reichsluftschiffhafen Coeln" geadelt. 1910 startete das erste Flugzeug und ab 1912 gab es eine Fliegerstation mit integrierter

Lärmumtost sind die letzten Meter bis zum Ende der Etappe am Bahnhof Longerich ...

Flugschule. Der berühmte „Rote Baron“ Manfred von Richthofen, im Ersten Weltkrieg tollkühner Flieger in seiner Kiste, erhielt seine ersten Flugstunden am Butzweilerhof. Der Zweite Weltkrieg beendete weitere hochfliegenden Träume und die Eröffnung des Flughafens Köln/Bonn 1957 in der Wahner Heide ließ den „Butz“, wie die Kölner ihren ersten Flughafen nannten, endgültig in der Bedeutungslosigkeit verschwinden. 1995 wurde der Flugbetrieb schließlich ganz eingestellt. Nach und nach wuchs auf der 33 Hektar großen Fläche das Gewerbegebiet Ossendorf und immer mehr Unternehmen der Medienbranche siedelten sich an. Dazu gehört auch die Fernseh- und Filmproduktionsgesellschaft Magic Media Company, die nach eigenen Angaben eines der größten Studio- und Fernsehgelände in Europa betreibt. Immerhin werden in Köln mittlerweile ein Drittel der Sendungen produziert, die im Deutschen Fernsehen zu sehen sind. Eine Stiftung kümmerte sich jahrelang um das Erbe des Butz und veranstaltete auch Führungen. Das ist seit 2018 vorbei. Mitte des Jahres wurde die Motoworld eröffnet, ein privates Auto-Museum, das das alte Flughafengebäude und seine Umgebung ein Stück weit in einen Vergnügungspark mit Hotel verwandelt hat. Die historische Bedeutung des Flughafens dient nur noch als Kulisse für Events und Tagungen.

Lärmumtost sind die letzten Meter bis zum Ende der Etappe am Bahnhof Longerich und stehen im Kontrast zum beschaulichen Weg

... und stehen im Kontrast zum beschaulichen Weg durch den Nüssenberger Busch

durch den Nüssenberger Busch. Der Longericher Bahnhof und sein Vorplatz gehören nicht gerade zu den Visitenkarten der Stadt. Autoparkplätze, Bürgersteige und mittendrin eine Ampel für Fußgänger wirken unübersichtlich und willkürlich angeordnet. Das Bahnhofsgebäude mit der achteckigen Eingangshalle, das 1935 eingeweiht wurde, drückt sich an den Rand des Platzes wie ein lästiges Übel. Früher schmückte sogar einmal ein Fries des Kölner Künstlers Heinz Ruland die markante Eingangshalle. Heute toben sich hier nur noch Graffiti-Sprayer aus.

Achteckige Eingangshalle des Bahnhofs Longerich

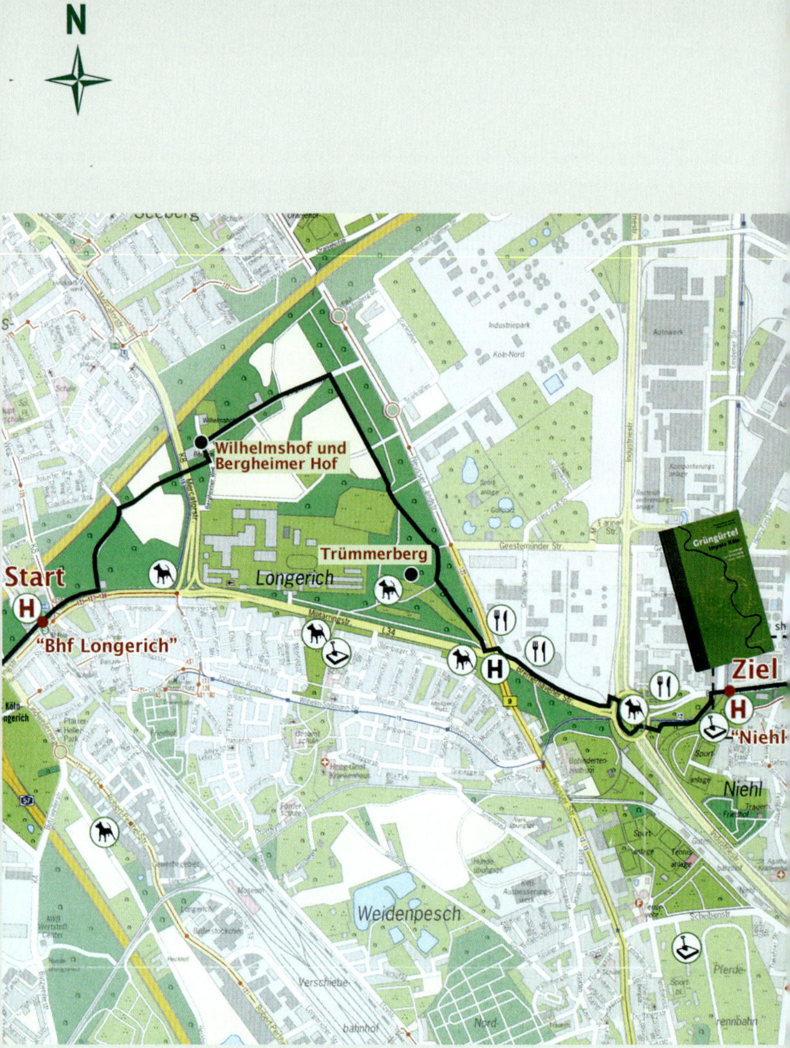

Start

"Bhf Longerich"

Wilhelmshof und Bergheimer Hof

Trümmerberg

Longerich

Ziel

"Niehl

Niehl

Weidenpesch

Etappe 3: Stadtdirektor Berge sei Dank

3

Von Longerich nach Niehl

Länge	6 Kilometer
Wanderzeit	2 Stunden
Start	Longerich, S-Bahnhof „Köln-Longerich“
Ziel	Niehl, KVB-Haltestelle „Niehl“
Einkehren	leider keine
Info	www.jugendfarm-Wilhelmshof.de www.koelner-eifelverein.de www.llg80nordparkkoeln.de https://kantine.com Führungen durch den Winkelturm: https://welt.unter.koeln www.merzenich.net

Feld, Wiese und Wald als Schutz gegen den Lärm und Schmutz der Autobahn

Na ja, denkt sich der Mensch, der wandernd auf dem Grüngürtel-Rundweg in Longerich unterwegs ist, der „Sauerländische Gebirgsverein" – der den Weg markiert hat – hätte seinen Verlauf an dieser Stelle ruhig ein wenig abseits der viel befahrenen **Militärringstraße** ins Grün des Grüngürtels verlegen können. Denn hier, am Start der dritten Etappe gegenüber des Longericher Bahnhofs, bündelt sich der Verkehr auf der Straße, auf der Schiene und in der Luft. Es ist laut und Autos, Züge und Flugzeuge sorgen dafür, dass sich der Mensch an dieser Stelle völlig fehl am Platze fühlt. Aber zum Glück sind es nur 200 Meter und dann biegt der Wanderweg von der Straße nach links ab.

Zwischen **Militärringstraße** und Autobahn ist der Äußere Grüngürtel in diesem Bereich auf 200 Meter Breite zusammengeschrumpft, aber er wird vom städtischen Grünflächenamt gehegt und gepflegt, damit er in seiner Funktion als grüner Schutzwall gegen den Lärm und Schmutz des Autobahnrings nicht beeinträchtigt wird. Vögel stören sich weniger am Lärm und es ist eine Wonne, im frühen Frühjahr hier zu wandern, wenn die Natur nach dem Winter wieder erwacht und Buchfink, Rotkehlchen und Amseln voller Inbrunst ihre ersten Konzerte geben. Knapp sechzig Jahre alt ist der Wald an dieser Stelle, den der damalige Stadtdirektor Hans Berge anpflanzen ließ. In seiner Amtszeit von 1955 bis 1964 wurden im gesamten Äußeren Grüngürtel 1000 Hektar Wald neu angepflanzt. Berge (1899 bis 1983) war ein leidenschaftlicher Natur- und Waldliebhaber und gab der Grünpolitik der Stadt neue Impulse. Er forderte, dass Stadtplanung und Städtebau den Schutz der Natur berücksichtigen sollten und insbesondere die Wälder seien zur Entspannung und Erholung der Bürger unverzichtbar. Berge bezeichnete sie als die „Lunge der Stadt" wegen ihrer abgas- und staubfilternden Wirkung. Wie schön der Grüngürtel im Kölner Norden im Laufe der Jahre geworden ist, lässt sich auf der dritten Etappe begutachten.

Auf dem Weg dorthin überqueren wir die vierspurige **Mercatorstraße**, die als Zubringer in die „Neue Stadt" im heutigen Stadtbezirk Chorweiler in den 1960er Jahren so üppig ausgebaut wurde. Ihr Name erinnert an Gerhardus Mercator (1512-1594), der die ersten „modernen" Stadtpläne und Landkarten zeichnete. 100.000 Menschen sollten nach den Plänen aus den 1950er Jahren in der Großsiedlung im Kölner Norden leben. Heute wohnen in den Stadtteilen Chorweiler, Heimersdorf und Seeberg, die damals auf dem Reißbrett entstanden,

Totempfahl auf der Jugendfarm Wilhelmshof

knapp 31.000 Menschen. Kaum vorstellbar, wie die Siedlungen heute aussähen, wenn die Pläne komplett umgesetzt worden wären.

Entspannung und Erholung für die ganz jungen Bürgerinnen und Bürger dieser Stadt bietet eine Einrichtung, die neben der **Mercatorstraße** liegt und bis an die nahe Autobahn reicht. Es ist Kölns einzige Jugendfarm, der Wilhelmshof. Hier können Kinder im Alter von sieben bis 17 Jahren einen Bauernhof in der Stadt erleben und die „Natur sehen, riechen, schmecken und begreifen", wie es ihr Leiter Senel Furtana ausdrückt. Auf 18.000 Quadratmetern, einer Fläche so groß ist wie zweieinhalb Fußballfelder, tummeln sich Gänse, Ziegen, Enten und Hühner, ein Dutzend Pferde, Ponys und Esel stehen in Ställen, und in einer Voliere leben Nymphensittiche und Kanarienvögel. Von dienstags bis samstags, jeweils am Nachmittag, dürfen Kinder und Jugendliche nach Herzenslust bei der Hofarbeit anpacken und werden mit Ponyreiten oder einem Besuch bei den Meerschweinchen belohnt. Seit 1971 gibt es dieses Kleinod im Äußeren Grüngürtel, an dem der hauseigene Handwerker und ein Dutzend ehrenamtlicher Helfer ständig werkeln. So entstanden im Laufe der Jahre mit finanzieller Unterstützung diverser Organisationen und Stiftungen neben einer schönen Grillecke mit Pizzaofen vier große, gemütliche Holzhütten mit insgesamt 42 Schlafplätzen, die schon Kindergartenkindern ein Wochenende in kölscher Natur mit besonderen Erlebnissen ermöglichen.

Rest eines Eingangstors im Äußeren Grüngürtel

Naturbelassene Wege am Rand des Laubwaldes

Der Wilhelmshof liegt in einem Zwickel, den der Äußere Grüngürtel zwischen Autobahn, Neusser Landstraße und Militärringstraße bildet. Jenseits der Neusser Landstraße durfte sich das grüne Band nicht ausweiten. Dieser Bereich war der Industrie vorbehalten. Im Oktober 1930 legte Oberbürgermeister Konrad Adenauer zusammen mit Firmengründer Henry Ford den Grundstein für die Fordwerke direkt am Rhein; im Juni 1931 liefen die ersten Autos in Niehl vom Band. In den 1960er Jahren baute an der Neusser Landstraße Esso eine Raffinerie und die Wacker-Chemie siedelte sich an. Heute befinden sich im Industriepark Nord die Chemiefirmen Exxon und Infineum und ein Stückchen weiter die Restmüll-Verbrennungsanlage.

Dieser grüne Zwickel mit Feldern, Wiesen und Wäldchen scheint meilenweit von den Industrieanlagen entfernt zu liegen, obwohl beide nur einen Steinwurf trennt. Kurz vor der **Neusser Landstraße** gehen wir nach rechts und verlassen endlich die Asphaltwege. Der Weg zwischen Wald und Wiesen ist abwechslungsreich, zwischendurch kann der Blick immer wieder zwischen Himmel und Erde schweifen. Ab und zu stehen kleine Ställe am Rand der Wiese, und der ein oder andere naturverliebte Städter hat sich hier seinen persönlichen Rückzugsort geschaffen. Ganz clever hat Berge vor 60 Jahren die Aufforstungen vorangetrieben. Um die Kölner schnell vom Erfolg und dem Wert der Anpflanzungen auf ehemaligen Ackerflächen zu

Besondere Wegmarkierungen von Kölnpfad und Joggingstrecken

überzeugen, wurden schattenverträgliche Bäume wie Rotbuchen zusammen mit Lichtholzarten wie Esche und Ahorn angepflanzt. An die Ränder setzte er niedrige Sträucher. Dadurch entstand schnell ein artenreicher Mischwald, der uns noch heute begeistert.

Je weiter wir uns wieder der Militärringstraße annähern, desto mehr ähnelt der Grüngürtel einer Parklandschaft mit Wiesenflächen, eingestreuten Baumgruppen, Picknickpilzen aus Beton und gelb blühenden Osterglocken im Frühjahr. Eine Markierung begegnet uns auf unserem Weg jetzt immer wieder: ein weißer Ring auf schwarzem Grund, das Zeichen für den Kölnpfad, den 155 Kilometer langen Rundwanderweg um die Domstadt – mit allen Zuwegen sind es sogar 171 Kilometer Länge – den der Kölner Eifelverein (KEV) 2008 eingeweiht hat. Der 1888 gegründete Wanderverein hat fast 1000 Mitglieder, ist aber unabhängig vom großen Eifelverein mit Sitz in Düren und seinen zahlreichen Ortsgruppen in Nordrhein-Westfalen und in Rheinland-Pfalz. Wanderführer des KEV haben die Wegstrecke ausgearbeitet, die in elf Etappen, beginnend an der Rodenkirchener Brücke, einen deutlich größeren Wanderkreis um Köln bildet als der Grüngürtel-Rundweg. Wenige Etappen verlaufen parallel wie hier und weiter am Rhein oder durch den Äußeren Grüngürtel im Südwesten des Stadtgebiets. Wer noch mehr von Köln per pedes erleben möchte, dem sei dieser ausgezeichnete Weg empfohlen. Er belegte 2014 im

Der Zaun gehört zur Lüttich-Kaserne

Wettbewerb „Deutschlands schönste Wanderwege" des Wandermagazins den dritten Platz in der Kategorie „Routen in Metropolen".

An einem kleinen Parkplatz gegenüber dem Schlittenhügel – einem der vielen Trümmerberge, die aus dem Schutt der im Zweiten Weltkrieg weitgehend zerstörten Innenstadt entstanden sind – befindet sich der Treffpunkt der LLG 80, der Langlaufgemeinschaft 80 Nordpark, die ihre unterschiedlich langen Laufstrecken im Wald farbig markiert hat. Im Volksmund wird dieser Teil des Äußeren Grüngürtels auch Nordpark genannt. Am Parkplatz gibt es sogar eine Bushaltestelle „Am Nordpark". Die Bezeichnung stimmt aber nicht, denn der einzige Kölner Nordpark liegt weiter südlich im Stadtteil Nippes. Ein eiserner Barren am Weg erinnert an eine andere Einrichtung zur Körperertüchtigung, die Anfang der 1970er Jahre in Deutschland populär wurde: der Trimm-dich-Pfad. In Longerich gab es die „Fitnessbahn Köln-Longerich" und wer im Unterholz genau hinschaut, findet noch ein steinernes Schild mit dem Maskottchen Trimmy, das die Bevölkerung zum Sporttreiben animieren sollte. Schließlich hatten 1969 ein Drittel der Männer und vierzig Prozent der Frauen sieben Pfund Übergewicht; Traumwerte im Vergleich zu heute.

Eine Einrichtung, die wir auf unserer Wandertour nicht sehen können, die sich aber großflächig im Zwickel ausgebreitet hat, ist

Blick von der Kreuzung Neusser Landstraße/Mililtärring in den Äußeren Grüngürtel

die Lüttich-Kaserne an der Militärringstraße 1000. Die ersten militärischen Einrichtungen wurden schon 1887 an dieser Stelle gebaut, also weit vor Adenauers Planungen zum Äußeren Grüngürtel. Nach der deutschen Niederlage im Ersten Weltkrieg musste diese Bauten aufgrund des Versailler Vertrags abgerissen werden. Aber „einmal Kaserne – immer Kaserne" baute die Wehrmacht Ende der 1930er Jahre an diesem Standort eine Motorsportschule auf, die aber nie fertiggestellt wurde. Im Zweiten Weltkrieg wurden ausgebombte Kölnerinnen und Kölner in die Gebäude einquartiert. Sie blieben bis Anfang der 1950er Jahre. 1951 kamen belgische Truppen und seit 1961 ist die Bundeswehr alleiniger Nutzer. Im Zuge der Bundeswehr-Reform ab 2010 war auch die Lüttich-Kaserne immer mal wieder von der Schließung bedroht. Aber seit 2012 befindet sich dort das „Bundesamt für Personalmanagement der Bundeswehr", und alle Schließungspläne sind damit vom Tisch.

An der Kreuzung von **Neusser Landstraße** und **Militärringstraße** – die ab hier bis zum Rhein Bremerhavener Straße heißt – verlassen wir den Äußeren Grüngürtel und gehen 500 Meter die viel befahrene **Bremerhavener Straße** bis zum „Niehler Ei", das wir unterwandern. Der Kreisverkehr verteilt die LKW-Ströme, die vom Niehler Hafen Richtung Fordwerke und in den Industriepark Nord wollen oder weiter über die Militärringstraße zum Autobahnkreuz Köln-Nord fahren.

Ehemaliges Bürogebäude der Glanzstoffwerke und benachbarter Hochbunker, der Winkelturm

An der Kreuzung gibt es noch zwei interessante Sehenswürdigkeiten: Der grüne Uhrenturm gehört zum ehemaligen Verwaltungsgebäude des Chemiefaser-Herstellers „Glanzstoff-Courtaulds", der von 1928 bis 1967 Kunstseide und Zellwolle produzierte. Konrad Adenauer hatte sich maßgeblich an der Beschaffung des Grundstücks für das neue Unternehmen beteiligt, das als erstes auf den ehemaligen preußischen Festungsanlagen im Kölner Norden angesiedelt wurde. Während der Naziherrschaft wurde insbesondere die deutsche Rüstungsindustrie beliefert, und das Werk mit seinen rund 3000 Arbeitsplätzen konnte in den Kriegsjahren durch die Zwangsverpflichtung jüdischer Männer und Frauen und später mit Hilfe von Zwangsarbeitern aus Frankreich und Italien seine Arbeit fast unvermindert fortsetzen. Im ehemaligen Kasino befindet sich seit 2003 der Musikclub „Die Kantine" und ein Stückchen weiter stadtauswärts, auf dem Gelände, das von zahlreichen kleinen Gewerbebetrieben genutzt wird, steht ein 29 Meter hoher, fensterloser Turm mit Schieferdach. Das mit Klinker verkleidete Gebäude, der Winkelturm, ist ein Hochbunker der Glanzstoff-Werke, benannt nach seinem Konstrukteur, dem Kölner Leo Winkel. 1940 erbaut, fanden dort mehr als 600 Personen Platz, die auf den nummerierten Plätzen einer Wendeltreppe im Inneren saßen, wenn draußen die Bomben abgeworfen wurden. Dieser gut erhaltene Bunker ist einmalig in Köln und kann einmal im Monat besichtigt werden. Das Kölner Festungsmuseum bietet Führungen an.

Frühling im Grüngürtel

Bei der Wanderung unter und neben dem „Niehler Ei“ bis zum Ende der Etappe umtost uns der Verkehr und Menschen, die zu Fuß unterwegs sind, haben hier, am Rand der Industrieflächen, nichts verloren. In der Böschung sammelt sich Müll, der gedankenlos aus Autos geworfen wird oder von der Ladefläche der Lastwagen fliegt und auch die städtische Reinigung fühlt sich nicht verantwortlich für das Stückchen Niemandsland.

Nur die Natur breitet sich aus und neben Straßen und Schienen wachsen unverdrossen Laubbäume gen Himmel. Kurz vor dem Ziel in Niehl schimmern die Häuschen einer Schrebergartenkolonie durch die Äste. Der Grüngürtel-Rundweg führt uns an der KVB-Haltestelle „Niehl“ wieder ans Licht, dem Ende dieser dritten Etappe. Leider gibt es auf der Strecke keine Einkehr, aber eine Alternative am Vormittag: Wer an der Straßenbahnhaltestelle 200 Meter die Bremerhavener Straße „zurück“ geht, erreicht die Großbäckerei Merzenich, die von vier Uhr in der Frühe bis mittags im Fabrikverkauf ihre frischen Backwaren günstig anbietet.

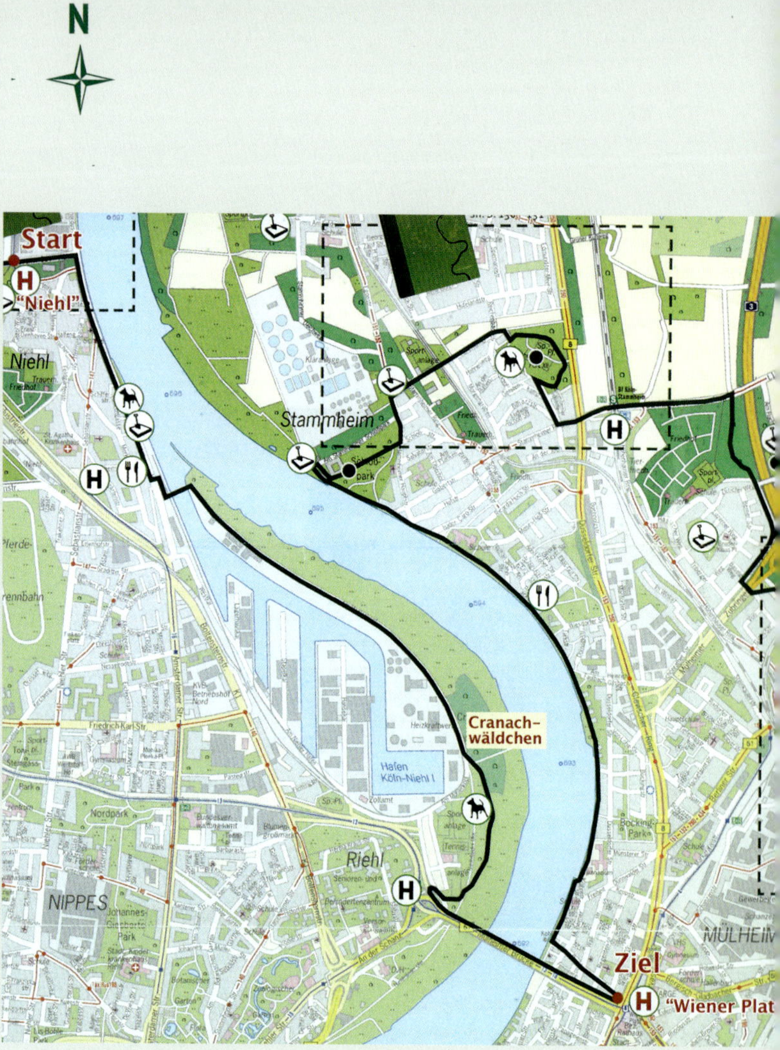

Start

"Niehl"

Niehl

Stammheim

Cranach-wäldchen

Hafen Köln-Niehl I

Riehl

NIPPES

MÜLHEIM

Ziel

"Wiener Plat

Etappe 4: Auf dem Balkon über dem Rhein

4

Von Niehl nach Mülheim

Länge	6 Kilometer
Wanderzeit	2 Stunden
Start	Niehl, KVB-Haltestelle „Niehl“
Ziel	Mülheim, KVB-Haltestelle „Wiener Platz“
Einkehren	**Gaffel im Linkewitz**, Niehler Damm 179, 50735 Köln, Tel. 0221/ 97754530, http://gaffel-im-linkewitz.de/ **Café Jakubowski**, Mülheimer Freiheit 54 51063 Köln, Tel. 0221/ 9661110, www.cafe-jakubowski.de **Café Vreiheit**, Wallstraße 91 51063 Köln, Tel. 0221/ 9917793, http://cafe-vreiheit.de/ **Da Enzo**, Regentenstr. 9, 51063 Köln, Tel. 0221/ 623478, www.daenzo.eu **Ristorante Palazzo**, Clevischer Ring 3, 51065 Köln, Tel. 0221/ 6201889, www.pizzeria-palazzo.de
Info	Kirche Alt-St. Katharina: https://gemeinden.erzbistum-koeln.de/seelsorgebereich-mauniewei/ueber_uns/kirchorte/alt_st_katharina/ Hafenrundfahrten: www.hgk.de/service/rundfahrt-besichtigung

Blick vom Rhein auf die Ford-Werke

Noch 300 Meter **Bremerhavener Straße**, noch 300 Meter Werkshallen und LKW-Parkplätze und dann die Belohnung: der Balkon über dem Rhein. Der Niehler Damm bietet nahezu einen Kilometer schönste Aussicht „de Rhing eraf und erop", vom alten Fischerdorf auf die neuen Industrieanlagen, bevor wir über die Bogenbrücke zur Rheinaue gelangen. Flussabwärts legt sich der Rhein elegant in eine Kurve und fließt an den Fordwerken vorbei, denen seit 1931 die schöne Lage am Flussufer vorbehalten ist. Große und kleine Schornsteine und Werkshallen mit dem bekannten blau-weißen Logo dominieren das Bild und in Ufernähe stehen Kräne und Verladestationen für die Rohstoffe, auf die die angrenzenden Industriebetriebe begierig warten. Der Blick in die andere Richtung bleibt an der Bogenbrücke hängen, die die Einfahrt zum Niehler Hafen überspannt. Dahinter schieben sich Kräne und das steinerne Silogebäude ins Bild.

Mehr als 2000 Schiffe werden in Kölns größtem Hafen pro Jahr be- und entladen und eine halbe Million Schiffscontainer mit mehr als zwei Millionen Tonnen Gütern von vier Containerkränen von Straße und Schiene aufs Wasser geschafft und umgekehrt. Im „Allround-Hafen" werden Kraftstoffe, Steinkohle und Briketts verladen, aber auch Papier, Eisen, Schrott, Getreide, Zucker, Baustoffe und Stahl. Die vier Hafenbecken verteilen sich auf 130 Hektar Hafenfläche. In Betrieb genommen wurde der Niehler Hafen 1925, die ersten Planungen für einen „Handelshafen Niehl" reichen bis ins Jahr 1912 zurück. Aber erst nach dem Ende des Ersten Weltkriegs und der verordneten Entfestigung der Stadt kam der Ausbau richtig in Schwung, den Oberbürgermeister Konrad Adenauer vorantrieb. 1923 bis 1925 entstand das erste Hafenbecken mit der Einfahrt und dem Westkai. In den folgenden mehr als 50 Jahren bis 1977 kamen drei weitere Becken hinzu.

Bevor wir die markante Fußgängerbrücke erreichen, ist Schaulaufen auf dem Niehler Damm angesagt. Bei stürmischem Wetter tanzen die Möwen auf Augenhöhe im Wind oder lassen sich auf dem bewegten Wasser Richtung Leverkusen schaukeln, während die Strahlen der Sonne den Fluss in immer wieder wechselnde Farben von grün über blau bis grau tauchen. Lässt der Wind nach, sitzen die Möwen gesellig aufgereiht wie auf einer Perlenkette sechs Meter über dem Rhein auf dem Geländer der Dammkrone, Köpfe und Schnäbel zeigen einhellig in eine Richtung. Die Aussicht auf den Fluss ist nicht nur bei den Vögeln beliebt, sondern auch bei den Menschen und so stehen zwischen den alten kleinen Häusern von Niehl und den schmucklosen,

Möwen sitzen wie auf einer Perlenkette aufgereiht auf dem Geländer der Dammkrone

in den 1950er Jahren schnell hochgezogenen Wohnhäusern moderne Villen im sachlichen Bauhaus-Stil. Weitaus älter ist die Kirche Alt-St. Katharina, die schon seit dem 12. Jahrhundert ihren Platz am Rhein behauptet und zu den 13 kleinen romanischen Kirchen in Köln zählt. Geweiht wurde das „Niehler Dömchen" 1260, erstmals erwähnt wird die „Capella" in einer Urkunde aus dem Jahr 1236 des Stiftes St. Kunibert. Zusammen mit dem alten Pfarrhaus, einem Kriegerdenkmal und dem Schulhaus bildet der Kirchhof ein lauschiges Plätzchen, das auf der Mauer von der Figur des hl. Johannes von Nepomuk beschützt wird, dem Schutzpatron der Schiffer. Ein anderes lauschiges Plätzchen liegt nur 300 Meter von der kleinen Kirche entfernt. Es ist die Gaststätte „Linkewitz", eine von Niehls ältesten und schönsten Veedelskneipen, die von einer Bürgerinitiative vor der endgültigen Schließung bewahrt und der neues Leben eingehaucht wurde. Gleich gegenüber befindet sich ein schöner Spielplatz, direkt über dem Rhein natürlich mit einem großen Schiff ausgestattet.

1986 wurde die Fußgängerbrücke über den Molenkopf erbaut und der Brückenschlag über die Hafeneinfahrt, wo regelmäßig hübsche Flusskreuzfahrtschiffe ankern, steht am Beginn einer schönen Wanderung durch die Rheinaue. Obwohl sich die Markierungen des Grüngürtel-Rundwegs oben an der Straße „Am Molenkopf" befinden, wandern wir lieber unten durch die Wiese. Das ist auch offiziell erlaubt, denn

Wanderung durch die Rheinaue

das gut drei Kilometer lange Rheinufer bis zur Mülheimer Brücke ist kein Naturschutzgebiet, sondern „nur" ein Landschaftsschutzgebiet, das unerlässlich für den Hochwasserschutz ist, den Menschen aber auch zur „Erholung am Strom" dienen soll. Nicht nur deswegen darf hier nicht gebaut werden, sondern auch, um den typischen Charakter einer niederrheinischen Auenlandschaft zu erhalten. In Ufernähe wachsen Pappeln und Weiden, die auch längeres Hochwasser gut verkraften, und zwischen Buhnen und Baumgruppen gibt es jede Menge Strandbuchten mit feinem Sand. Als einziger „Wald" liegt das Cranachwäldchen auf unserem Weg, das eigentlich nicht so recht in die Rheinaue passen will. Das liegt daran, dass die Schwarzpappeln tatsächlich einst nur als Kugelfang dienten. Ende des 19. Jahrhunderts befanden sich hier Schießstände des preußischen Militärs und die Mülheimer Bevölkerung beklagte sich über die verirrten Geschosse, die bis in die Wohngebiete auf der anderen Rheinseite flogen. Leutnant von Cranach ließ deshalb 1878 die Bäume zum Schutz anpflanzen. Seit Jahrzehnten hat das Gehölz eine etwas andere Schutzfunktion. Es ist ein beliebter Cruising-Platz schwuler Männer, die sich im Sommer auch gerne nackt am Rheinstrand sonnen.

Der Blick an dieser Stelle rüber auf die andere Rheinseite ist darüber hinaus sehr reizvoll, weil sofort die Bögen der Schlackenbergwerft mit ihren würfelförmigen Wohnhäusern dahinter ins Auge fallen.

Clemenskirche in Mülheim

Schöne Muscheln am Rheinstrand

Als neue Landmarke steht seit 2018 der 67 Meter hohe Wohnturm „Opal“ in direkter Nachbarschaft. Hochhausbauten sind in Köln eher die Ausnahme. Zuletzt wurde 2006 das 103 Meter hohe Bürogebäude „Kölntriangle“ in Deutz eingeweiht, auch auf der schäl Sick. Kein Wunder, denn die rechtsrheinische Kölner Seite wird auch städtebaulich immer attraktiver. Fast hundert Jahre alt ist dagegen die denkmalgeschützte Schlackenbergwerft mit ihren 14 Rundbogenarkaden. Der ehemalige Werkshafen der Drahtseil- und Kabelfabrik Felten & Guilleaume (F&G) entstand 1922 bis 1924 auf einem Berg von Asche, die die Arbeiter aus dem Hochofen im benachbarten Walzwerk Böcking regelmäßig zum Abkühlen in den Rhein gekippt hatten. Als F&G seine Verladestation mit den beiden großen Kränen für die riesigen Kabeltrommeln von der weiter südlich gelegenen Krahnenstraße zur Schlackenbergwerft verlegte, schaffte das Unternehmen auch eine Gleisverbindung vom Rhein zu seinem Carlswerk an der Schanzenstraße. Heute gibt es weder das Walzwerk Böcking noch F&G und die Gleise. Allein der Kabelhersteller beschäftigte zu seiner Blütezeit in den 1960er Jahren mehr als 23.000 Arbeiter im In- und Ausland. Im ehemaligen Carlswerk haben sich heute Firmen aus der Medienbranche angesiedelt und nur die Schienen auf der Schlackenbergwerft erinnern noch an den alten Mülheimer Hafen.

Wir wandern weiter über schmale und breite Trampelpfade durch die Rheinaue und genießen ab und zu den Blick vom Sandstrand auf die Frachtschiffe, die, manchmal erstaunlich nah am Ufer, kraftvoll flussaufwärts durch das Wasser pflügen oder in Gegenrichtung zügig dahingleiten. Fast am Ende des Cranchwäldchens führt dann auch der Grüngürtel-Rundweg vom asphaltierten Rad- und Fußweg auf einem befestigten Weg in die Rheinaue. Den hat das Grünflächenamt 2007 angelegt. Schuld daran waren die Hybridpappeln, die Anfang der 1970er Jahre hier gepflanzt worden waren, als sich zwischen Mülheimer Brücke und Cranchwäldchen der Tivoli-Park befand. „Deutschlands größter Erholungs- und Vergnügungspark" war als Pendant zum rechtsrheinischen Rheinpark gedacht. Dort fand 1971 zum zweiten Mal nach 1957 die Bundesgartenschau statt und der Tivoli-Park auf der anderen Rheinseite sollte an die lange Tradition von Vergnügungseinrichtungen an der „Goldenen Ecke" von Riehl anknüpfen. Aber die Kirmes im Großformat war schon kurz nach ihrer Eröffnung ein Reinfall und schloss ihre Pforten 1975 für immer. Nur die Pappeln blieben übrig, hatten aber nach vierzig Jahren den Zenit ihres Lebens überschritten, denn nicht nur im Sturm brachen Äste ab. Sie mussten gefällt werden. Danach wurden einzelne Bäume wie Eichen, Linden und Schwarzpappeln angepflanzt, die gute Chancen haben, zu prachtvollen Exemplaren heranzuwachsen.

Von der schönen Rheinaue gibt es auch die freie Sicht auf ein anderes prachtvolles Exemplar, das 1951 von Bundeskanzler Konrad Adenauer eingeweiht wurde: die Mülheimer Brücke, die den Strom in einer Gesamtlänge von 682 Metern überspannt. Je nach Blickwinkel erinnert die Brückenkonstruktion mit ihren tief hängenden Stahlseilen durchaus an die New Yorker Brooklyn Bridge – in Miniatur. Gleich zweimal konnte Adenauer die Hängebrücke einweihen; 1929 und 1951. Zur Eingemeindung nach Köln 1914 hatte sich die seit 1901 selbständige Stadt Mülheim den Bau einer festen Brücke als Ersatz für ihre Schiffsbrücke zusichern lassen. Am 13. Oktober 1929 schnitt Oberbürgermeister Adenauer nach zweieinhalb Jahren Bauzeit das Band auf „seiner" Hängebrücke durch, die von „seinem" Baudirektor Adolf Abel entworfen worden war. Zuvor hatte er sich vehement mit seinen Plänen gegen die Entscheidung der Stadtverordneten durchgesetzt, die eine kostengünstigere Bogenbrücke bauen wollten. Damit bescherte er der kriselnden Kabelfabrik Felten & Guilleaume in Mülheim einen ordentlichen Auftrag. Auch diese Rheinbrücke wurde im Zweiten Weltkrieg zerstört und am 8. September 1951 nach zweijähriger Bauzeit die neue Brücke eingeweiht – vom damaligen

Mülheimer Brücke

Bundeskanzler Konrad Adenauer. 25 Jahre später, 1976, wurden die Schienen für die Straßenbahn in der Brückenmitte verlegt. Mittlerweile ist das imposante Bauwerk in die Jahre gekommen und muss dringend saniert werden. Die aufwändigen Arbeiten – ganze Brückenteile werden abgerissen und neu gebaut – dauern mindestens bis ins Jahr 2022. Danach hätte dann das Zitat von Konrad Adenauer von 1929 wieder seine Berechtigung: „Das Werk ist vollendet: In leichten Bogen schwingt sich die Brücke von Ufer zu Ufer, gleichsam beflügelt, nicht mit Pfeilerwerk Strom und Schifffahrt hemmend."

Bevor die vierte Etappe in Mülheim, am **Wiener Platz**, endet, bleibt vorher noch die Entscheidung: Nord- oder Südseite? Die Markierungen des Grüngürtel-Rundwegs befinden sich auf der nördlichen Seite der Brücke, den unverstellten Domblick gibt es auf der anderen Seite. Damit ist alles gesagt. Leider gibt es direkt am Ziel keine schöne Einkehr. Aber in einer Seitenstraße der **Buchheimer Straße** liegt das Café Vreiheit und weiter durch, an der **Mülheimer Freiheit**, das Café Jakubowski, die beide mehr bieten als Kaffee und Kuchen.

Domblick von der südlichen Seite der Mülheimer Brücke

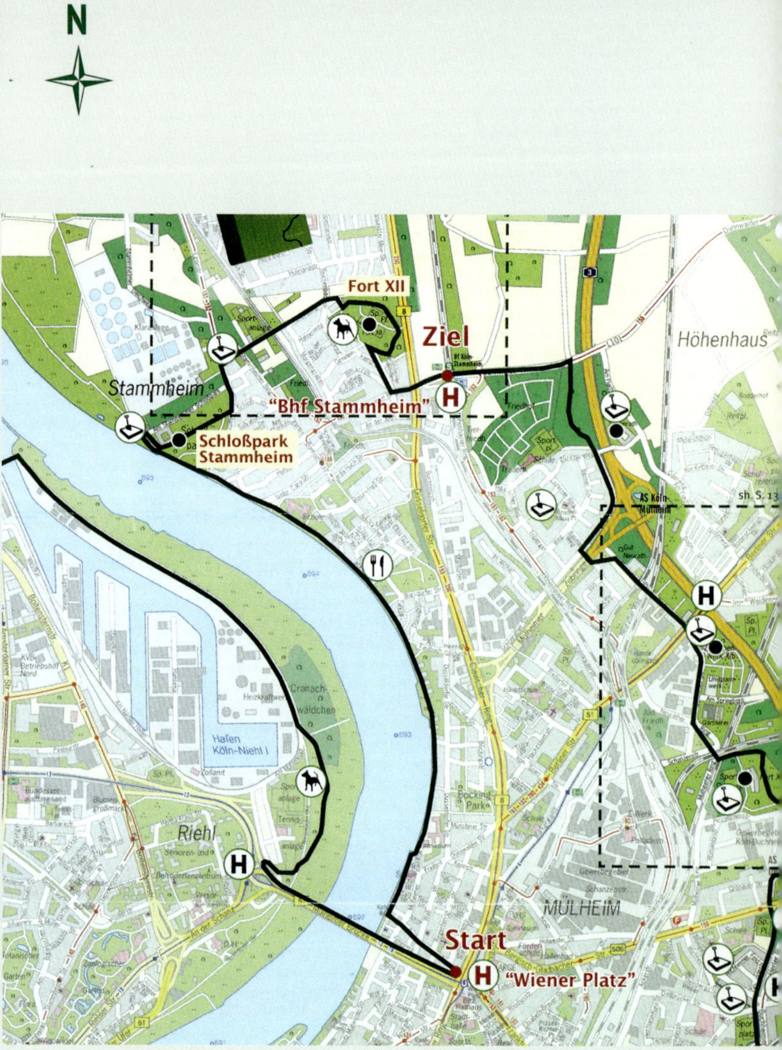

Fort XII
Ziel
Höhenhaus
Stammheim
"Bhf Stammheim"
Schloßpark Stammheim
Cranach-wäldchen
Hafen Köln-Niehl I
Riehl
MÜLHEIM
Start
"Wiener Platz"

Etappe 5: Auftakt auf der schäl Sick

5

Von Mülheim nach Stammheim

Länge	7 Kilometer
Wanderzeit	2,5 Stunden
Start	Mülheim, KVB-Haltestelle „Wiener Platz"
Ziel	Stammheim, S-Bahnhof „Stammheim"
Einkehren	**Goldenes Fass**, Stammheimer Ring 111, 51061 Köln, Tel. 0221/ 64 44 14, https://gasthaus-goldenes-fass.chayns.net/aboutus **Café Lichtblick**, Gisbertstraße 98, 51061 Köln, Tel. 0221/ 66 61 50, www.lichtblick-cafe.de
Info	www.schlosspark-stammheim.koeln Das Großklärwerk kann auf Anfrage besichtigt werden: www.steb-koeln.de/service/kontakt/kontaktformular.jsp

Mülheims älteste Apotheke in der Buchheimer Straße

Der Wiener Platz ist ein besonderes Pflaster. Es kann passieren, dass schon am Samstagmittag Bierdunst in der Luft liegt und in die Zugänge der U-Bahn wabert. Gestrandete Menschen treffen sich hier, im Zentrum von Mülheim, um ihrem Leben eine Struktur zu geben, obwohl sie ihre innere Struktur längst verloren haben. Sie sind die Verlierer des Wandels, den Mülheim seit den 1980er Jahren durchmacht, als große Industrieunternehmen wie Felten & Guilleaume oder der Motorenhersteller Klöckner Humboldt Deutz sich aus dem Arbeiterviertel verabschiedeten. Die Arbeiter mussten sich neu orientieren. Nicht allen gelingt das gut. Mittlerweile sind neue Medien in die alten Fabrikhallen eingezogen, das Kölner Schauspiel hat sich erfolgreich in seinem Ausweichquartier im Carlswerk etabliert und dem Stadtteil neue Impulse gegeben. Es bleibt zu hoffen, dass die Utopie, dass Kultur der Katalysator für den Strukturwandel sein kann und alle Menschen mitnimmt, in Mülheim Wirklichkeit wird.

Wir wandern durch die **Buchheimer Straße** Richtung Rhein, vorbei am Uffo-Grillhaus, dem Fairestore-Kaufhaus für Menschen mit wenig Geld, Hotel Pension Europa und der Änderungsschneiderei Maria. An das schöne alte Patrizierhaus, das Mülheims älteste Apotheke, die Hirsch-Apotheke, beherbergt, lehnen Wohnhäuser aus den 1950er Jahren mit ihrem dunklen Rauputz, und gegenüber in der Gaststätte „Zum Kölsche Jung“ trifft sich das Veedel. Einst, schon seit dem Ende des 19. Jahrhundert, war die Buchheimer Straße eine beliebte Einkaufsstraße von Mülheim. Durch die starken Bombardierungen der zahlreichen Fabriken und Industriebetriebe und des nahe gelegenen Hafens während des Zweiten Weltkrieges hat Mülheim allerdings arg gelitten. Wir überqueren die Mülheimer Freiheit mit den wenigen alten Kaufmannshäusern, die aus dem 18. Jahrhundert stammen, als der „Mark-Flecken“ wegen seiner Religionsfreiheit eine Blütezeit erlebte, und plötzlich haben wir eine Ahnung davon, wie Mülheim wirklich war und in Teilen immer noch ist.

Am **Kohlplatz** erreichen wir wieder den Rhein, aber die Bezeichnung idyllisch wäre übertrieben. Der Name erinnert an die Arbeiter der Kohlenhandlungen, die früher hier wohnten, wo das schwarze Gold, das mit den Schiffen aus dem Ruhrgebiet kam, gelöscht und gelagert wurde. Der Kohlplatz mit seinen kleinen Häusern ist bodenständig und zeigt das kleinbürgerliche Gesicht von Mülheim. Zum Ensemble gehört auch die benachbarte Clemenskirche, die aufgrund ihrer Baugeschichte weniger wohlproportioniert, dafür markant-eigenwillig

Die Schlackenbergwerft erinnert an die Mülheimer Industriegeschichte

aussieht. Sie entstand im 12. Jahrhundert als romanische Saalkirche und wurde 1692 und 1720 zu einer dreischiffigen, barock ausgestatteten Hallenkirche ausgebaut. 1754 kam eine Vorhalle dazu und 1755 der Kirchturm mit der barocken Haube. Im Zweiten Weltkrieg wurde die Kirche schwer beschädigt und 1952 bis 1960 vom Kölner Architekt Joachim Schürmann wieder aufgebaut.

Der hl. Clemens ist der Schutzpatron der Seeleute und einmal im Jahr, zur Mülheimer Gottestracht an Fronleichnam, rückt das Gotteshaus am Rhein in den Mittelpunkt. Die Schiffsprozession findet schon mehr als 400 Jahre statt und nach dem Umzug durch die Straßen von Mülheim macht sich der Tross der großen und kleinen Schiffe von der Clemenskirche auf den Weg bis zur Zoobrücke, der alten Grenze zwischen Köln und Mülheim. Nach dem Segen über Stadt und Land lassen sich die Boote dann wieder bis zum Schiffsanleger an der Kirche zurücktreiben.

Nebenan auf dem Kirmesplatz findet traditionell zu Fronleichnam das Fest der Mülheimer Schützenbruderschaft, gegründet 1435, statt. Dann wird auch der hl. Nepomuk aus seiner Beschaulichkeit gerissen. Seit 1935 steht die Figur des Brückenheiligen auf der Kirchenmauer und schaut ein wenig entrückt Richtung Dom. Wenn nicht gerade Feiertag ist, ist auch das Plätzchen am Rhein der Großstadt entrückt.

Nächster Höhepunkt auf dem Grüngürtel-Rundweg ist die Schlackenbergwerft, deren gesamtes Ausmaß wir von der anderen Rheinseite schon ausgiebig betrachtet haben. Auf der Werft sehen wir im Boden noch die Schienen der ehemaligen Lastenkräne. Bei ruhigem Wetter sitzen auch hier die Möwen auf dem Geländer und – wer weiß – vielleicht sind es sogar die Tiere vom Niehler Damm, die sich immer die Sonnenseite aussuchen.

Die nächsten knapp zwei Kilometer am Rheinufer entlang bis zum Stammheimer Schlosspark sind eine schöne Wegstrecke, die selbst bei gutem Wetter längst nicht so überlaufen ist wie die breite Rheinaue auf der anderen Seite. Nach dem Winter genießen Möwen, Kormorane und Stockenten auf den Steinen am Ufer die ersten warmen Sonnenstrahlen, und die Nähe zum Wasser verleitet nicht nur Kinder immer wieder dazu, den höher gelegenen Weg zu verlassen, Steine ins Wasser zu werfen oder den ein oder anderen dicken Ast, den der Fluss mit sich führt, an Land zu holen. Wie gefährlich Europas wichtigste Wasserstraße mit ihren vielen Frachtschiffen und der starken Strömung ist, daran erinnert seit 2017 der **Ali-Kurt-Weg**, der vor dem alten Wasserturm zum Rhein führt. Der Familienvater mit türkischen Wurzeln, der in einem der Mietshäuser am Rhein wohnte, versuchte spontan, zwei Mädchen aus dem Fluss zu retten, die beim Spielen am Ufer ins Wasser gefallen waren. Er selber und eines der Geschwister überlebten die Rettungsaktion nicht. Jetzt warnen große Schilder vor der Gefahr für Leib und Leben. Der alte Turm aus dem Jahr 1881 gehörte zum Wasserwerk, das die „Rheinische Wasserwerks-Gesellschaft“ 1876 in Betrieb nahm, um Mülheim, Deutz und später auch Kalk mit Trinkwasser zu versorgen. Jahrzehntelang schlummerte das Denkmal wenig beachtet vor sich hin. Ein gemeinnütziger Verein hatte zwischenzeitlich die Idee, ein Museum dort einzurichten. Aber das Vorhaben scheiterte am fehlenden Geld. Jetzt sollen im Denkmal und drumherum Wohnungen gebaut werden.

Kurz nachdem wir ein Auslaufbauwerk – auffälliges Geländer direkt am Rheinufer – passiert haben, tauchen oberhalb der Uferböschung die Bäume des Stammheimer Schlossparks auf, das grüne Kleinod, das mit seinen prächtigen alten Baumriesen und den modernen Kunstwerken zu den versteckten Schönheiten im Rechtsrheinischen zählt. Nicht verwirren lassen, denn die Markierung des Grüngürtel-Rundwegs zeigt an den Stufen, die in den Park führen, nach links. Das gilt für Radfahrer, die bis zum Ende des Parks fahren und erst in der

Möwen, Kormorane und Stockenten fühlen sich wohl am Rhein

Herbert Labuskas „Tor mit Grafenpaar“

Straße Am **Stammheimer Schlosspark** in den Park einbiegen. Der weitere Weg führt durch die Lindenallee.

Das zwölf Hektar große Gelände mit Domblick (!) gehört zu den ältesten Grünanlagen der Stadt und präsentiert sich, trotz seiner Überschaubarkeit, mit seinen verschlungenen Wegen erstaunlich abwechslungsreich. Grundlage dafür waren die Entwürfe des rheinischen Gartenbauinspektors Maximilian Friedrich Weyhe, nach dessen Plänen der Garten von 1829 bis 1832 angelegt wurde. Damals lebte Franz Egon Graf von Fürstenberg-Stammheim (1797-1859), Kölns erster Ehrenbürger, im Stammheimer Schloss. Er engagierte sich im Dombauverein, der die Vollendung der Kathedrale vorantrieb. Das schlichte Rokoko-Schloss aus der zweiten Hälfte des 18. Jahrhunderts, das 1928 in den Besitz der Stadt überging, wurde 1944 bei einem Bombenangriff zerstört. Vom verschwundenen Schloss am Rhein und seinem kunstsinnigen Besitzer ließ sich 2002 der Kölner Künstler Herbert Labusga inspirieren und platzierte seine Skulptur „Tor mit Grafenpaar“ fast an die Stelle, wo einst das Schloss stand. Das Kunstwerk gehörte zur ersten Staffel der Kunstaktion „Rheinblicke-Einblicke“, die den Schlosspark in einen Skulpturenpark verwandelte. Seitdem veranstaltet die Initiative „Kultur Raum Rechtsrhein“ jedes Jahr zu Pfingsten eine große Vernissage, bei der neue Ausstellungsstücke im Park vorgestellt werden.

Die Parkanlage ist darüber hinaus die Heimat einer kleinen Kolonie von Alexandersittichen, die in den alten Bäumen die passenden Höhlen zum Nisten finden. Zuverlässig hört man ihre schrillen Rufe, die im Rahmen eines Kunstprojekts zusammen mit Video-Aufnahmen sogar in die U-Bahnstation „Breslauer Platz" übertragen werden. Sie sind nicht so verbreitet wie ihre kleineren Verwandten, die Halsbandsittiche. Mehr als 2000 dieser Tiere soll es in Köln geben, die irgendwann einmal aus einem Käfig ausgebüxt sind und sich gut an das milde Klima in der Kölner Bucht angepasst haben. Die auffällig grünen Papageien stammen ursprünglich aus dem mittleren Afrika und aus Asien.

Auf dem Weg durch die Lindenallee zum Eingangstor mit den beiden steinernen Löwen kommen wir am Ulrich-Haberland-Haus vorbei, das wie der Park unter Denkmalschutz steht, aber nicht wie ein schützenswertes Denkmal behandelt wird. Der Name erinnert an den ersten Vorstandsvorsitzenden der nach dem Krieg neu gegründeten Bayer AG. 1952 hatte der Konzern den Schlosspark erworben und ein Wohnheim für seine Pensionäre am Rande des Geländes gebaut. Seit 1983 ist die Stadt Köln wieder Eigentümerin von Park und Immobilie und nutzte das Haus bis 2001 als Studentenwohnheim. Seitdem steht es leer, verfällt immer mehr, während die Politik keine Lösung für eine zukünftige Nutzung findet. 2018 wurde sogar der Abriss des Hauses erwogen, aber dann doch ein neuer Anlauf für eine „Revitalisierung" des Bauwerks unternommen. Denn trotz deutlicher Spuren von Verfall geht vom Haus mit seinen geschwungenen Formen, dem leicht überstehenden Dach und der großzügigen (ehemaligen) Fensterfront immer noch ein besonderer Reiz aus, und es stimmt wehmütig, dass seine Qualität als ein Bauwerk der Wirtschaftwunderjahre in den letzten Jahren so wenig geachtet worden ist.

Am Löwentor gehen wir nach links in die **Egonstraße** und wandern durch die kleine Siedlung, deren niedrige Häuser wie gut ausgebaute Gartenlauben aussehen. Tatsächlich reicht ihre Geschichte bis in den Zweiten Weltkrieg zurück. Damals dienten die 80 Baracken als Munitionsdepots und wurden nach dem Krieg, aufgrund der großen Wohnungsnot, als Behelfsunterkünfte genutzt. Doch Provisorien leben lange, besonders auch in Köln, und so wohnen manche Familien mittlerweile in der vierten Generation hier. Die Miete ist günstig, der Zusammenhalt untereinander groß, und viele Bewohner haben im

Das ehemaliges preußische Fort XII ist ein schöner Stadtpark

Laufe der Jahre selbst Hand angelegt und ihre Unterkunft modernisiert. Vermieter der 60 Quadratmeter großen Drei-Raum-Häuser ist die Stadt. Doch mittlerweile gilt die Siedlung im Flächennutzungsplan nicht mehr als Wohnungsstandort, sondern ist als Grünfläche ausgewiesen und soll als Pufferzone zum nahe gelegenen Großklärwerk dienen. Ziehen Mieter aus, werden die Häuser abgerissen und nicht nur kostengünstiger Wohnraum geht verloren, sondern auch ein Stück Heimat für die Menschen. Die Wohnsiedlung Egonstraße ist noch eine Baustelle, für die die politischen Entscheider bisher keine Lösung gefunden haben.

Am Stammheimer Schlosspark sind wir vom Rhein Richtung Osten abgeknickt und wandern jetzt durch den rechtsrheinischen Äußeren Grüngürtel, der in seiner Ausdehnung nicht mit seinem großzügigen, linksrheinischen Pendant zu vergleichen ist. Das hat historische Gründe, denn für Konrad Adenauer, den „Vater des Grüngürtels", war die rechte Rheinseite „… infolge der zerstreuten Bauweise und der näher herantretenden Wälder besser gestellt wie die linke." Das hat sich im Laufe von hundert Jahren verändert, denn die Bebauung ist dichter geworden, und doch stimmen die Grundstrukturen noch immer. Bei der Weiterentwicklung des Äußeren Grüngürtels im Rechtsrheinischen geht es vor allem darum, die vorhandenen Grünflächen zu erhalten und diese miteinander zu verbinden.

Die erste Verbindung erleben wir zwischen Stammheim im Süden und Flittard im Norden, wenn wir durch einen grünen Korridor zum ehemaligen preußischen Forts XII wandern, das allerdings nur noch an der Geländeformation als Verteidigungsanlage zu erkennen ist. Heute dient „et Förtchen“ als kleiner Stadtpark. Auf dem Weg dorthin haben wir noch drei wichtige Einrichtungen von Stammheim gestreift: Direkt neben dem Klärwerk liegt die Schützenhalle mit dem Schießstand der St. Sebastianus-Schützenbruderschaft, gegründet 1594. In den Außenbezirken von Köln ist die Tradition der Schützenvereine und Schützenfeste noch lebendig, aber auch die konservativen Schützen gehen mit der Zeit. 2012 gründete sich in Köln Deutschlands erste schwul-lesbische Schützenbruderschaft mit dem Namen „St. Sebastianus & Afra“. Afra von Augsburg ist die Schutzheilige der reumütigen Dirnen.

Direkt neben der Schützenhalle stehen die fünf mächtigen, grauen, eiförmigen Behälter für die Schlammfaulung, die zum „Großklärwerk Stammheim“ gehören. Seit 1953 gibt es die Anlage, die sich über fünf Fußballfelder erstreckt. 85 Prozent der im Kölner Stadtgebiet anfallenden Abwässer werden hier gereinigt und wieder dem natürlichen Wasserkreislauf zugeführt. Vier kleinere Klärwerke gibt es noch in Langel (Nord), Weiden, Rodenkirchen und Porz-Wahn.

Eine weitere Sehenswürdigkeit steht etwas abseits vom Grüngürtel-Rundweg an der **Egonstraße**, zirka 500 Meter von der alten Siedlung entfernt. Es ist das kleine weiße Haus mit dem optischen Telegraf auf dem Dach, einem aus der ersten Hälfte des 19. Jahrhunderts stammenden System der Nachrichtenübermittlung im Königreich Preußen. Innerhalb von zwei Stunden ließen sich mithilfe der Signalmasten und einer codierten Zeichensprache von Berlin nach Koblenz, der wichtigen militärischen Festung am Rhein, geheime Staatsdepeschen verschicken. Auf der Strecke von knapp 550 Kilometern gab es 61 Stationen; Nummer 50 an der Egonstraße stand zwischen dem Telegraf in Schlebusch und dem auf dem Hauptturm der Kirche St. Pantaleon in der Südstadt. Von 1832 bis 1849 war das System in Betrieb. Dann wurde es vom elektromechanischen Telegraf abgelöst. Das mittlerweile nur noch privat genutzte Haus an der Egonstraße ist eine der wenigen, rekonstruierten Stationen.

Der Park auf dem ehemaligen Fortgelände bildet fast den Abschluss der fünften Etappe. Danach führt der Grüngürtel-Rundweg über die Bundesstraße 8, die **Düsseldorfer Straße** bis zum S-Bahnhof Stammheim. Eine Einkehr direkt am Ende der Etappe gibt es leider nicht. Die nächste Gaststätte, das Gasthaus Goldenes Fass am **Stammheimer Ring**, liegt fast einen halben Kilometer von der Düsseldorfer Straße entfernt. In der Nähe befindet sich auch das Café Lichtblick, ein ökumenisches Projekt der beiden Stammheimer Kirchengemeinden.

Optischer Telegraf in der Egonstraße

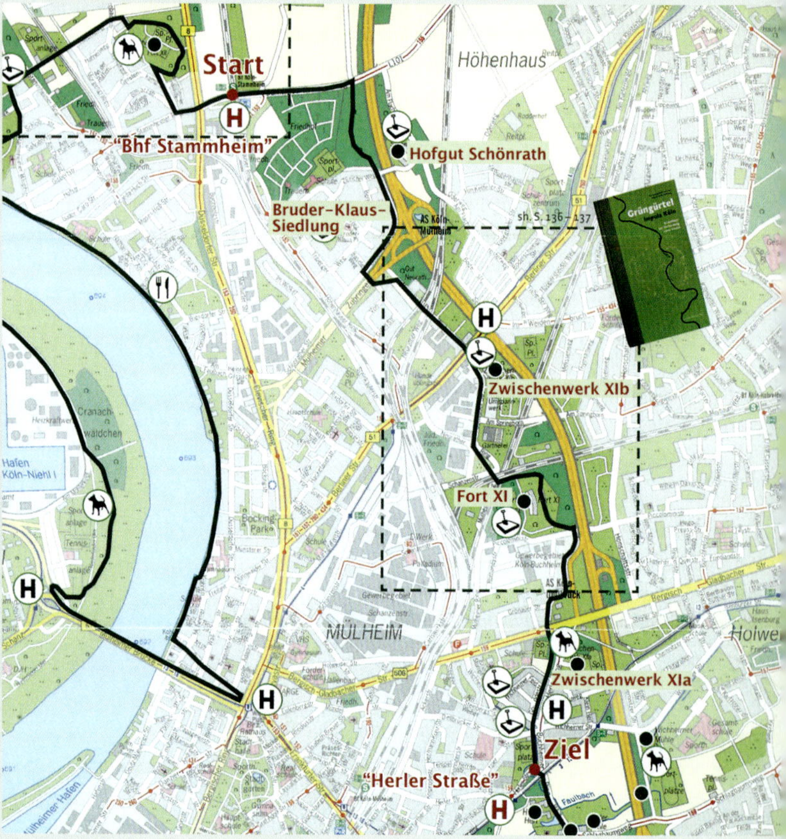

Start

"Bhf Stammheim"

Hofgut Schönrath

Höhenhaus

Bruder-Klaus-Siedlung

sh. S. 136–137

Zwischenwerk XIb

Fort XI

MÜLHEIM

Zwischenwerk XIa

Ziel

"Herler Straße"

Etappe 6: Durchs Nadelöhr des Äußeren Grüngürtels

6

Von Stammheim nach Buchheim

Länge	5 Kilometer
Wanderzeit	2 Stunden
Start	Stammheim, S-Bahnhof „Köln-Stammheim“
Ziel	Buchheim, KVB-Haltestelle „Herler Straße“
Einkehren	**Alt Buchheim**, Kniprodestraße 2, 51067 Köln, www.facebook.com/AltBuchheim/
Info	www.roncalli.de

Buschwindröschen finden im lichten Buchenwald genügend Licht

Ganz ehrlich: Diese Etappe muss man sich schönreden. So viele Straßen mit so vielen Lärmschutzwänden, so viel Asphalt und so wenig naturnahe Wege. Denn das rechtsrheinische Köln verfügt nicht über den grandiosen Äußeren Grüngürtel wie der Kölner Westen. Mülheim war eben nicht Köln, die bebaute Fläche deutlich kleiner und damit lagen die preußischen Forts, wie Perlen auf einer Kette aufgereiht, nah beieinander. Mülheim war Maloche und deshalb durchwandern wir Gewerbegebiete auf dieser Etappe, über- und unterqueren Straßen und Schienen. Aber wir erleben auch die Kehrseite. Wir sehen Felder, den Faulbach, der aus dem Bergischen kommt und die grünen Forts, die neben viel befahrenen Autostraßen und dicht bebauten Wohnsiedlungen ein bisschen Natur in die Stadt bringen.

Der Etappenstart liegt noch im Grünen. Kaum 100 Meter hinter dem Stammheimer S-Bahnhof ist nichts mehr von der Enge der Großstadt zu spüren. Links vom **Dünnwalder Kommunalweg** liegen Felder und bei schönem Wetter steigen schon früh am Morgen die kleinen Flugzeuge vom Flugplatz Kurtekotten auf, der tatsächlich noch auf Kölner Stadtgebiet liegt, aber gefühlt schon zu Leverkusen gehört. Rechts von uns breitet sich ein kleines Wäldchen aus, das den Friedhof, der schon zu Mülheim gehört, zur Straße hin abschirmt. Im Trog vor uns rauscht die Autobahn 3, aber der Lärm verschwindet scheinbar, denn im lichten Laubwald überwiegt, besonders intensiv im Frühjahr, der Gesang der Vögel. Es zwitschert, tönt und tiriliert, und zwischen den weiter auseinanderstehenden Buchen findet sich, bevor das Laub austreibt, genügend Platz und Licht für die Buschwindröschen, die sich in kleinen Teppichen ausgebreitet haben. Beim Weg durch den Wald steigt die gute Laune spürbar und in den Mundwinkeln macht sich unwillkürlich ein fröhliches Grinsen breit. Das Rechtsrheinische hat durchaus seine Qualitäten.

Idyllisch geht es weiter in der Bruder-Klaus-Siedlung, die sich rechts vom Grüngürtel-Rundweg ausbreitet, in einem Halbrund zwischen Friedhof und Zubringerstraße zur Autobahn. Der kurze Abstecher vom Wanderweg hinein in die Siedlung lohnt sich. Im ersten Moment wirken die schmalen Straßen mit den Einfamilienreihenhäusern, die Kirche im Zentrum und der benachbarte Park auf dem Gelände eines ehemaligen Zwischenwerks wie eine Puppenstube. Alles ist da, sogar ein Platz mit einer Ladenzeile, aus der die Läden allerdings schon lange verschwunden sind. Nur der Bruder Klaus-Kiosk hat überlebt. Alles wirkt unwirklich und aus der Zeit gefallen. Eine kleine,

Hofgut Schönrath lohnt einen Abstecher

fast heile Welt am Rand der Autobahn. Die mondänen Kranhäuser im Rheinauhafen und diese kleinbürgerliche Idylle in Mülheim? Das macht Köln aus, eine Großstadt mit all ihren Facetten.

Der Name der Siedlung geht auf den Schutzpatron der Schweiz zurück, den Nationalheiligen Niklaus von Flüe, genannt Bruder Klaus. Grund für den Bau war die Wohnungsnot nach dem Zweiten Weltkrieg. Die Initiative dazu ergriff der katholische Pfarrer Karl Müller, der in Bilderstöckchen, auf der anderen Rheinseite, lebte, und an das Vorbild der katholischen Siedlung „Am Bilderstöckchen" (Baubeginn 1932) anknüpfte, die zu seiner Gemeinde gehörte. Er gründete im März 1947 – im Jahr der Heiligsprechung von Bruder Klaus - zusammen mit Ausgebombten, Flüchtlingen und Kriegsheimkehrern die „Siedlergemeinschaft Neuland" und hatte dabei für sein Bauprojekt vielleicht noch die Worte von Konrad Adenauer im Gedächtnis, der für den rechtsrheinischen Befestigungsring auch den Kleinwohnungsbau im Sinn hatte.

Den Grundstein für die Siedlung legte 1948 Kardinal Josef Frings. 1957 wurde die Kirche St. Bruder Klaus eingeweiht. Die Siedlung in Mülheim gehört wie die 1956 gegründete Katholikentagssiedlung in Longerich zu den Bauprojekten in Köln nach dem Krieg, die durch die Initiative katholischer Geistlicher und Organisationen entstanden, um katholischen Familien Platz zu bieten, damit sie nach dem Leitbild ihrer Kirche wohnen und leben konnten. Für zwei bekannte Kölner Kirchenmänner, die in der Bruder-Klaus-Siedlung aufgewachsen sind, ging diese Gleichung auf: Rainer Maria Kardinal Woelki, seit 2014 Erzbischof von Köln und Franz Meurer, Pfarrer in Vingst und Höhenberg und als alternativer Ehrenbürger von Köln ein Mahner und praktischer Helfer gegen die Armut in seiner Gemeinde.

Und noch ein kurzer Abstecher vom Weg lohnt sich, und zwar auf die andere Seite der Autobahn, aufs Land. Dort liegt das Hofgut Schönrath, das seit 1862, mittlerweile in der fünften Generation, von der Familie Litz bewirtschaftet wird, und bis 1928 zum Besitz der Familie von Fürstenberg-Stammheim gehörte. Es ist eines der wenigen Gehöfte auf Kölner Stadtgebiet, das noch landwirtschaftlich genutzt wird, und liegt scheinbar abgeschieden am Rand der Felder.

Die Bruder-Klaus-Siedlung wird von einer hohen Lärmschutzwand gegen die Autobahn abgeschirmt und wenn wir die hinter uns gelassen haben und die Eisenbahngleise unterquert haben, erreichen wir ganz unvermittelt kurz vor der **Berliner Straße** und neben den Kleingärten ein anderes, kleines Juwel: das Winterquartier des Circus Roncalli. Dort lebt zeitweise auch Roncalli-Chef Bernhard Paul mit seiner Familie und dort befinden sich seit 1984 die Lagerhallen und Werkstätten für die Kulissen des Zirkus und der anderen Unternehmungen, die noch mit dem Namen Roncalli verknüpft sind.

Goldene Löwen bewachen den Eingang zu einem Ort, der schon seit 1957 Zirkusgeschichte schreibt. In dem Jahr bezog Carola Williams mit ihrem Circus Williams das mehr als 10.000 Quadratmeter große Gelände als Winterquartier. Williams (1903-1987) entstammte der berühmten Zirkus-Dynastie Althoff und baute mit ihrem zweiten Ehemann Harry Williams ab 1945 den Kölner Circus Williams auf. 1947 eröffneten die beiden darüber hinaus den Williamsbau an der Aachener Straße/Ecke Innere Kanalstraße, der in den ersten Nachkriegsjahren bis 1955 mit Revuen und Boxkämpfen, Jazzkonzerten, Operettenaufführungen und Karnevalsfesten das Zentrum des wieder erwachenden gesellschaftlichen Lebens in Köln war. Carola Williams besorgte auch Geißbock Hennes, der später zum Maskottchen des 1. FC Köln wurde. Den ersten Ziegenbock schenkte sie auf einer Karnevalssitzung 1950 – aus Jux und Dollerei – dem damaligen Fußballtrainer Hennes Weisweiler. Seit Mai 2018 erinnert eine Stele und der

Eingang zum Winterquartier des Circus Roncalli

Name Carola-Williams-Park im Inneren Grüngürtel an ihre Verdienste für Köln. Ihr Grab befindet sich auf dem Melatenfriedhof.

Ein großes Projekt plant auch Bernhard Paul auf dem Gelände am **Circus-Roncalli-Weg**; so heißt der ehemalige „Neurather Weg" seit Sommer 2017. Dort soll ein Museum entstehen, der „Boulevard of broken dreams", das mit Glanz und Gloria, aber nicht verstaubt, an die großen Zeiten des Zirkus erinnern soll, aber auch Musikinstrumente und Kostüme populärer Musiker zeigen wird. Denn der 1947 im österreichischen Lilienfeld geborene Paul ist nicht nur leidenschaftlicher Zirkusdirektor, sondern auch leidenschaftlicher Zirkusliebhaber und Sammler und sammelt fast sein ganzes Leben lang die Dinge, die die Welt des Zirkus und des Varietés prägten. Dazu zählen alte Zirkuswagen und –plakate, Programmhefte und Postkarten, Figuren aus Porzellan und auffällige Kostüme, die Akrobaten und Jongleure in der Manege getragen haben. Aber Pauls Sammeleifer geht noch darüber hinaus und er besitzt auch acht historische Karussells, mehr als 30 historische Traktoren und 60 alte Geschäftseinrichtungen vom Tante-Emma-Laden bis zur Fleischhauerei, die alle Teil des neuen Zirkusmuseums werden sollen.

Nachdem wir die **Berliner Straße** überquert haben, wandern wir weiter entlang des nächsten historischen Ortes, dem Zwischenwerk

Fort XI ist mit seinen großen Wiesenflächen ein grüner Lichtblick

XIb, das sich heute nur noch als eine mit Bäumen bewachsene, ungewöhnliche Geländeformation präsentiert. In der Regel hatte jedes der zwölf Forts zwei Zwischenwerke, eines links (a) und eines auf der rechten Seite (b). Es fällt auf, dass hier im Rechtsrheinischen fast immer eine Sportanlage in die ehemaligen Verteidigungsbauten integriert ist. Spiel- und Sportplätze gehörten zu den Plänen von Oberbürgermeister Konrad Adenauers und Stadtplaner Fritz Schumacher für diesen Bereich des Äußeren Grüngürtels und wir sind dankbar für diese grünen Inseln zwischen Autoservice-Werkstätten, Hallen von Filmausstattern und internationalen Transporten.

Das nächste Fort ist solch ein grüner Lichtblick und mit seiner großen Wiesenfläche und den einzeln stehenden, alten Bäumen wie ein kleiner Park zwischen Autobahn und Eisenbahn gestaltet. Fort XI zählt zu den mittelgroßen Bauten, die auf der rechten Rheinseite ausschließlich vorkamen, und wurde zwischen 1877 und 1880 errichtet. Kurz vorher sind wir noch am Beginn der Schanzenstraße durch ein Niemandsland gewandert Nur wenige Meter von uns entfernt fährt die S-Bahn vorbei, Knöterich hat die Bäume am Bahndamm überwuchert und Müll sich vor den windschiefen Zäunen angesammelt.

Ein Stück hinter den Gleisen stehen die alten Fabrikgebäude von Felten & Guilleaume, die in schicke moderne Lofts und flexible

Uferpartie am Faulbach

Großraumbüros umgewandelt worden ist. Und plötzlich blitzt sie wieder auf, die Erinnerung an das alte Mülheim und seine Industriegeschichte.

Nach dem Fort schrumpft der Grüngürtel gefühlt auf zehn Meter Breite zusammen, denn wir wandern zwischen Lärmschutzwand, Brombeergestrüpp und fensterlosen Werkhallen auf schmalen Wegen zum nächsten Zwischenwerk. An der großen Ausfallstraße, der **Bergisch Gladbacher Straße**, ist dann erst mal ganz Schluss mit dem grünen Nadelöhr. Der Grüngürtel-Rundweg führt am **Herler Ring** entlang. Auf der anderen Straßenseite liegt das ehemalige Zwischenwerk XIa. Die Anlage wurde bis auf die Kehlkaserne niedergelegt und nach den Planungen von Gartenbaudirektor Fritz Encke in ein „grünes" Fort umfunktioniert, mit Platz für Sport und Spiel. Seit 1927 nutzt der MTV, der Mülheimer Turnverein, das Gelände, das mit seinen Sportplätzen, die bis an die Autobahn reichen, jahrzehntelang recht unsortiert wirkte. Doch Pläne zur Entwicklung des Äußeren Grüngürtels sehen vor, dass die hinter der alten Kaserne liegenden Sportplätze umgestaltet und zum Teil erneuert werden. Zur Straße hin entstand 2019 ein neues, modernes Sportzentrum. Und vielleicht schafft es der MTV – der mit seinen mehr als 5.000 Mitgliedern Kölns größter Breitensportverein ist – wieder im alten Gemäuer ein Lokal mit einem Biergarten einzurichten.

Idylle am Bach mitten in der Stadt

Die letzten Meter bis zum Ziel nahe der Straßenbahnhaltestelle „Herler Straße“ sind nochmals grün und wir erhalten einen Vorgeschmack auf die nächste Etappe. Wir gehen am hübsch gestalteten Ufer des Faulbachs entlang, dem „Gegenstück“ zur fleißigen Strunde. Beide entspringen im Bergischen Land; allerdings gibt es den Faulbach erst nach dem Zusammenfluss von Flehbach und Bruchbach in Merheim. Aber die Strunde, die schon seit dem Mittelalter zahlreiche Mühlen an ihrem Lauf beherbergte und die Wirtschaft von Bergisch Gladbach bis Mülheim antrieb, war natürlich viel erfolgreicher als der faule Bach, der häufig wenig Wasser führte. Und dennoch ist hier, am kurzen Stück des Faulbachs, zu spüren, dass die Nebenflüsse des Rheins und ihre Ufer einst Ausgangspunkte für die wirtschaftliche Entwicklung in der Region waren. Die Aufwertung der Uferbereiche, die kleinen Flüsse aus ihren dunklen Kanälen herauszuholen und sichtbar zu machen, bedeutet auch, ihre naturräumliche Wertigkeit und ihre kulturlandschaftlichen Eigenheiten und Qualitäten wieder sichtbar zu machen und wertzuschätzen.

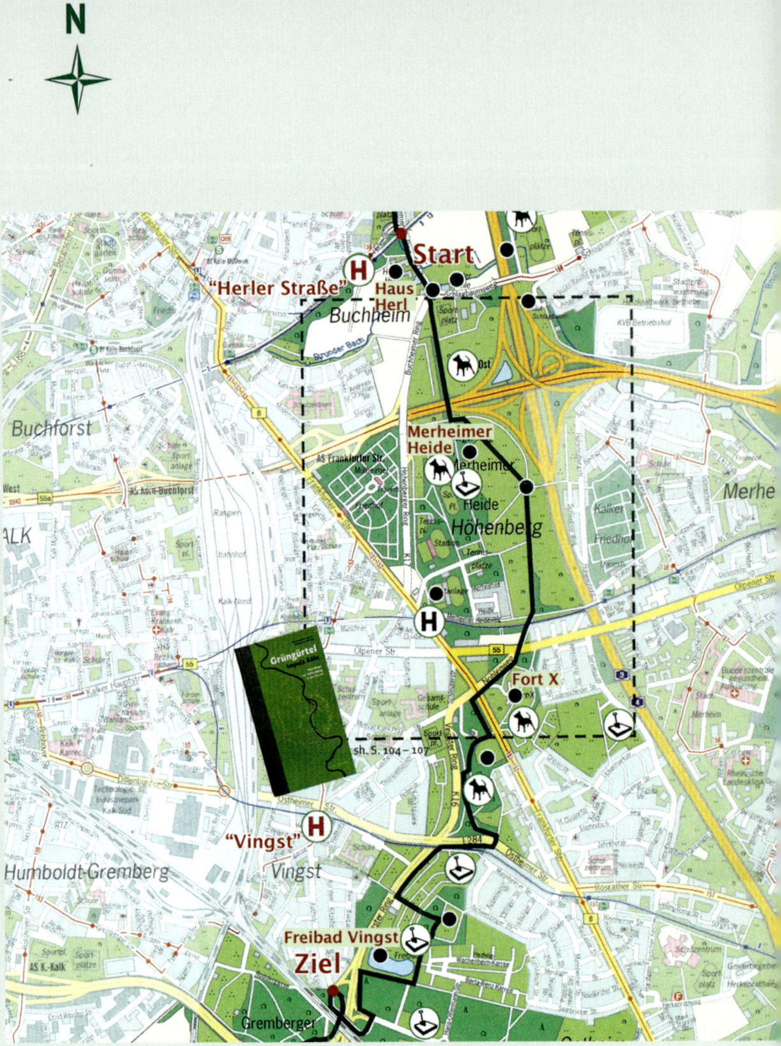

Start

"Herler Straße"

Haus Herl

Buchheim

Buchforst

Merheimer Heide

Höhenberg

Fort X

sh. S. 104–107

"Vingst"

Humboldt-Gremberg

Vingst

Freibad Vingst

Ziel

Gremberger

Etappe 7: Neben dem Feld und auf der Heide

7

Von Buchheim nach Vingst

Länge	6 Kilometer
Wanderzeit	2 Stunden
Start	Buchheim, KVB-Haltestelle „Herler Straße“
Ziel	Vingst, KVB-Haltestelle „Vingst“
Einkehren	**Bäckerei Newrzella**, Ostheimer Str. 64, 51103 Köln, Tel. 0221/ 87 88 86 www.lieferbaecker-koeln.de **Nediljka Knezevic Gaststätte**, Waldstr. 9, 51107 Köln, Tel. 0221/ 87 28 04
Info	www.koelnbaeder.de/bad/naturfreibad-vingst/ www.hoevi-land.de

Herler Mühle

Diese grüne Etappe versöhnt uns mit der vergangenen Wegstrecke durchs Nadelöhr. Das liegt an der Merheimer Heide, die trotz des Autobahnbaus in den 1970er Jahren mit ihren großen Wiesenflächen, eingerahmt von „alten“ Wäldern, ein Gefühl von Weite schafft. Einzeln stehende Bäume funktionieren dabei wie Landmarken und dienen als kleine Zwischenziele. Gekrönt wird der Wanderspaß vom weiten Himmel über uns. Nur ganz selten schiebt sich der Lärm der Autobahn und der Flugzeuge in den Vordergrund.

Schon kurz nach dem Start an der Haltestelle „Herler Straße“ haben wir die Enge im Stadtbezirk Mülheim hinter uns gelassen. Neben dem Abstellgleis der Straßenbahn liegt das Feld und ein paar Schritte weiter erreichen wir Haus Herl, die älteste rechtsrheinische Wasserburg. Der Vorgängerbau, ein Hofgut, das Verwaltungssitz des fränkischen Königshofs war, stammt aus dem 9. Jahrhundert, ist vielleicht sogar noch älter. Die erste urkundliche Erwähnung von Hof Herl findet sich im Jahr 1025. Das freundlich gelb gestrichene, kompakte Herrenhaus mit dem stämmigen Eckturm wurde 1663 errichtet; die Wirtschaftsgebäude kamen mehr als 200 Jahre später hinzu. Nur im Herbst und Winter, wenn die Bäume keine Blätter tragen, ist von der Straße aus im Garten der große Teich zu erkennen. Haus Herl und auch die gegenüberliegende Herler Mühle werden heute privat genutzt. Zum Ensemble von Burg, Mühle, Wiese und Feld gehören auch der Faulbach und die Strunde, die direkt an der Straße, dem **Buchheimer Ring**, fließen. Denn ohne Strunde keine Mühle, deren älteste Erwähnung ebenfalls auf das Jahr 1025 zurückgeht. In den zurückliegenden 1000 Jahren wurde die Herler Mühle als Ölmühle, Schleifmühle und bis zur Stilllegung 1958 als Getreidemühle genutzt. Das alte Haus mit dem Mühlrad, wie wir es heute vor uns sehen, stammt aus dem 18. Jahrhundert und holt mit Schiefer, Fachwerk und grünen Fensterläden das Bergische Land nach Köln. Das war nicht wirklich weit entfernt, denn über den Schlagbaumsweg direkt neben der Mühle verlief früher die Zollgrenze zwischen der freien Reichsstadt Köln und dem Herzogtum Berg.

Was aber noch an dieser Stelle im Äußeren Grüngürtel begeistert, ist die Idee der bäuerlichen Kulturlandschaft, die sich vor uns ausbreitet. Die überschaubaren Parzellen – mal Wiese, mal Feld – sind von Baumreihen und Heckenzeilen gesäumt und von Strunde und Faulbach durchzogen und ergeben ein abwechslungsreiches und lebendiges Landschaftsbild, das Auge und Gemüt schmeichelt.

Haus Herl

Eigentlich führt der Grüngürtel-Rundweg weiter über den **Schlagbaumsweg** hinein in die Merheimer Heide, aber ab hier lohnt sich wieder ein Abstecher zu einer besonderen Sehenswürdigkeit. Wer dem Schlagbaumsweg nach links folgt, über die Autobahn geht, dann gleich den ersten Fuß- und Radweg nach links nimmt und in der Senke wieder nach links geht, steht nach 500 Metern vor einem besonderen Wasserbauwerk, dem Kreuzwasser. Hier kreuzen sich Strunde (oben) und Faulbach (unten) - und das schon seit mehr als 1000 Jahren. Die Strunde wurde hochgelegt, um ein künstliches Gefälle zu schaffen, so dass für die Mühlen bachabwärts wieder genügend Wasserkraft vorhanden war, und die beiden Bäche wurden getrennt in Brauchwasser und Trinkwasser für die Bewohner in Mülheim. Heute fließt die Strunde im Kreuzwasser in einer Betonrinne – bis 1893 war es eine Holzrinne – meist gemächlich vor sich hin. Bis vor wenigen Jahren war dieses sehr besondere „Wasserbauwerk Erk“ von Bäumen und Büschen überwuchert und kaum zu finden. Das hat sich im Rahmen der Regionale 2010, dem Strukturförderprogramm des Landes NRW, geändert. Es entstand ein „Lupenraum“ und auf neuen Wegen und Stegen können Strunde und Faulbach ausgiebig betrachtet werden.

Am **Schlagbaumsweg** betreten wir die Merheimer Heide, die schon lange keine Heide mehr ist. Ursprünglich gehörte das Gebiet zur Bergischen Heideterrasse, einem etwa 50 Kilometer langen und zwei

Bäume werden zu Skulpturen in der Merheimer Heide

Merheimer Heide – weite Wiesen mit überschaubaren Wegen und...

bis drei Kilometer breiten Landschaftsband, das sich zwischen Ruhr und Sieg weitgehend auf der bis zu eine Million Jahre alten rechtsrheinischen Mittelterrasse erstreckt. Die Zersiedelung hat dieser Kulturlandschaft allerdings stark zugesetzt. Vom ursprünglichen Charakter ist im gesamten Rheinland nur noch wenig zu finden. Im Kölner Raum bietet nur noch die Wahner Heide viel echte Heidelandschaft. Erst in der zweiten Hälfte der 1920er Jahre – von 1929 bis 1932 – entstand auf dem ehemaligen preußischen Exerziergelände im Äußeren Grüngürtel die 150 Hektar große, lang gestreckte Parkanlage. Der deutlich spätere Zeitpunkt des Ausbaus im Gegensatz zum linksrheinischen Rayon lag auch darin begründet, dass die Festungswerke auf der rechtsrheinischen Seite erst größtenteils mit dem endgültigen Abzug der britischen Besatzungstruppen zur Jahreswende 1925/26 freigegeben wurden.

150 Hektar – das entspricht immerhin rund 210 Fußballfeldern. Die Entwürfe stammten noch von Stadtplaner Fritz Schumacher, den Auftrag für die Umsetzung erhielt Stadtbaurat Theodor Nußbaum. Er sollte einen „neuzeitlichen Volkspark" anlegen, der in „viel weitgehenderem Maße für die Bevölkerung nutzbar gemacht werden" sollte als die Parkanlagen des 19. Jahrhunderts. So lautete der Auftrag der Stadtverordneten. Für Sportvereine waren 17 Fußballplätze, fünf Laufbahnen und 21 Tennisplätze vorgesehen. Aber auch ein

....einzelne stehende Bäume und kleine Wälder bestimmen das Bild

Kaffeehaus und eine „ländliche Wirtschaft" waren eingeplant, doch es ist nicht mehr nachvollziehbar, ob es diese Gaststätten jemals gab. In den brutalen Würgegriff des Verkehrs geriet das Gelände Anfang der 1970er Jahre, als das Autobahnkreuz Köln-Ost raumgreifend in den nördlichen Teil gebaut wurde. Die Schleifen der Auf- und Abfahrten – auch der Name Malteserkreuz macht das Bauwerk nicht umweltverträglicher – nahmen der Merheimer Heide mehr als ein Viertel ihrer Größe. Die autogerechte Stadt hatte Vorfahrt und machte auch vor dem Grüngürtel nicht halt. Heute braust die unfassbare Menge von 259.000 Fahrzeugen pro Tag an Kölns lautestem Park vorbei. Nur auf dem Frankfurter Kreuz ist noch mehr los. Und trotzdem funktioniert die ursprüngliche Idee der Merheimer Heide als Landschaftsraum immer noch. Die klaren Strukturen vermitteln sich noch heute, die weiten Wiesen mit den überschaubaren Wegbeziehungen, die einzeln stehenden Bäume und die Gehölzstreifen an den Rändern. Nach den Winterstürmen verwandelt sich der Park manchmal sogar in einen Skulpturengarten, wenn die umgestürzten Pappeln nicht mit Stumpf und Stiel entfernt werden, sondern ihre Reste liegenbleiben und plötzlich ganz neue Landmarken entstehen. Und noch etwas hat die Merheimer Heide zu bieten: den Blick zum Dom. Zuerst am Eingang beim Schlagbaumsweg und wenig später beim Überqueren der Autobahn. Irgendwie hüpft das Herz höher.

Eingang in die Merheimer Heide

Das zu einem „Grünen Fort“ umgestaltete Fort X

Noch heute befindet sich der „Sportpark Höhenberg“ in der Merheimer Heide. Die ausgedehnte Anlage mit dem Fußballstadion, der Heimspielstätte des FC Viktoria Köln, dem dritten großen Fußballverein in Köln nach FC und Fortuna, ist mit seinen 6.214 Plätzen nicht mit dem Rheinenergie-Stadion zu vergleichen. Und dennoch schlägt hier das fußballerische Herz des Rechtsrheinischen.

Nach dem Überqueren der Straßenbahngleise und der **Olpener Straße** führt der Grüngürtel-Rundweg leider nur am nächsten Fort vorbei. Denn es lohnt, sich ein bisschen auf dem Gelände des alten Forts X umzuschauen, das 1927/28 noch nach den Plänen von Gartenbaudirektor Fritz Encke (1861-1931) zu einem „Grünen Fort“ umgestaltet wurde. Encke arbeitete seit 1903 bis zu seiner Pensionierung im Jahr 1926 für die Stadt Köln und prägte maßgeblich die „Grünpolitik“ vor und nach dem Ersten Weltkrieg. Aufgrund seiner religiös geprägten, sozialen Einstellung – Encke entstammte einer Pfarrersfamilie – hatte er bei seinen Planungen stets die benachteiligte städtische Bevölkerung im Blick und löste sich von den überkommenen Vorstellungen zum öffentlichen Grün: „Alles besehen, aber nichts anfassen, geschweige denn betreten.“ Er setzte in seinem Sinne die Vorgaben des „Generalbebauungsplans“ von Fritz Schumacher um, der nur von 1920 bis 1923 in Köln wirkte. Zur Straße hin haben sich Mountainbiker in den Gräben einen kleinen Parcours angelegt und

Durch die Bäume schimmern manchmal technische Einrichtungen, hier ein Kugelgasbehälter

tragen damit die Idee zur Nutzung der alten Anlagen – wenn auch unorganisiert – für Sport und Spiel weiter. Heute wird das ehemalige Fort von elf ganz unterschiedlichen Vereinen genutzt, die sich zu einem Förderverein zusammengeschlossen haben. Der sorgt für Instandhaltung und Pflege des alten Gebäudes. Diese Zusammenarbeit könnte als Vorbild dienen für die anderen Festungsanlagen, die häufig nicht in einem derart beneidenswert guten Zustand sind.
Weiter geht es ein Stück entlang der **Frankfurter Straße** und von dieser Straßenseite aus ist nochmals zu erkennen, wie schön das Fortgelände mit seinen Hecken und Bäumen gestaltet ist.

Betrachtet man sich den Grüngürtel an dieser Stelle aus der Vogelperspektive, dann wird sichtbar, dass die Bebauung von Ostheim weit in das grüne Band reicht. Allerdings ist beim Wandern wenig von dieser Enge zu spüren, weil zwischen den Wohnhäusern immer noch mehr grüne Parzellen liegen als im Industriegelände weiter nördlich in Mülheim. Dafür gibt es hier im „Wald" noch so manche technische Einrichtung. Durch die Bäume schimmert ein dicker, grauer Kugelgasbehälter, und bevor wir den Trümmerberg von Vingst erklimmen, steht gleich rechts am Weg - im unteren Bereich leicht mit einem Mobilfunkmast zu verwechseln – eine Sirene. Vielleicht ist der Standort ein wenig ungewöhnlich, weil diese Alarmanlagen üblicherweise auf Häusern oder Fabriken angebracht sind. Aber hier stand bis 2012

Sirene am Wegesrand

sogar eine HLS F 71, eine HochLeistungssirene, die aussah wie ein großer Kochtopf und mit Druckluft betrieben wurde. Dadurch waren diese Sirenen besonders laut und leistungsfähig, hatten somit eine große Reichweite und waren in Zeiten des Kalten Krieges auch in Köln weit verbreitet. Seit den 1990er Jahren werden die Relikte aus einer anderen Ära allerdings immer weiter abgebaut, weil ihre Wartung aufwendig und teuer ist. Hier verrichtet jetzt eine elektronische Sirene zuverlässig ihren Dienst.

Der 64 Meter hohe Vingster Berg, einer der Trümmerberge, die mit dem Schutt der im Zweiten Weltkrieg zerbombten Stadt aufgetürmt wurde, lässt sich prima als Ausguck bis zum Kölner Dom nutzen. Beim „Abstieg“ sehen wir die Hochhäuser an der Gernsheimer Straße, die Anfang der 1970er Jahren an den Rand des Vingster Bergs gebaut wurden. „Verdichtete Hochbauweise“ lautete damals das Zauberwort, um Wohnraum für rund 2500 Menschen zu schaffen. Doch was einmal als vorbildlicher sozialer Wohnungsbau begann, entwickelte sich im Laufe der Jahre zu einem sozialen Brennpunkt, weil die Häuser zu wenig gepflegt wurden und das Zusammenleben der Menschen, die aus vielen unterschiedlichen Kulturen stammen, zu wenig gefördert wurde. Jugendgangs bildeten sich und unterstrichen das schlechte Image der Siedlung. Doch seit den 1990er Jahren wird mit umfangreichen sozialen Förderprogrammen und gemeinnützigen Vereinen,

Herbststimmung am Grüngürtel-Rundweg

die praktische Hilfe zur Selbsthilfe leisten, gegengesteuert. Ein Ergebnis ist der große, bunte Spielplatz kurz vor der **Ostheimer Straße**. Die Markierung des Grüngürtel-Rundwegs geht zwar auf der anderen Seite der Straße weiter, aber bis zur Kreuzung von **Ostheimer Straße** und **Vingster Ring** geht es sich noch bequemer auf dieser Seite, am Rand des Vingster Bergs.

Am **Vingster Ring** erleben wir dann wieder die autogerechte Stadt, wenn wir am Rand der teilweise sechsspurigen Straße entlangwandern, auf der Rückseite einer ziemlich großen Kleingartenkolonie und neben einem schmalen Gehölzstreifen, einem Stück Niemandsland, in dem sich der Müll angesammelt hat. Aber nach 250 Metern ist die Durststrecke für uns zu Ende, denn am Eingang zum Naturfreibad Vingst biegen wir nach links in den **Hövilandweg** ein. Hövi-Land ist ein wunderbares Kunstwort für ein Sommerferiencamp, das der katholische Pfarrer Franz Meurer – der in der Bruder-Klaus-Siedlung aufwuchs – 1994 für die Kinder der Stadtteile Höhenberg und Vingst als gemeinsames Projekt der katholischen und evangelischen Kirchengemeinden aus der Taufe gehoben hat. Weil sich deren Familien weder große noch kleine Urlaubsreisen leisten können, findet drei Wochen in den Sommerferien das vielfältige Programm mit Sport, Spiel und vielen Ausflügen in die große Stadt auf dem Gelände des ehemaligen Zwischenwerks Xa statt. Mit dem geballten ehrenamtlichen Engagement von 300 jungen und älteren Helferinnen und Helfern wird die Hövi-Land-Idee für mehr als 600 Kinder jedes Jahr mit Begeisterung gelebt.

Der **Hövilandweg** führt mitten hinein in das ehemalige Festungsgelände. Wir wandern am Rand des Parks nach rechts und an den neuen Häusern des Waldbachviertels entlang. Die Siedlung entstand von 2012 bis 2016 auf einem gut 14 Hektar großen Grundstück, das den Spitznamen „Millionenacker" hatte. Das Areal hatte die Stadt seit 1966 auf Vorrat für eine mögliche Erweiterung des Evangelischen Krankenhauses Kalk reserviert. Die Pläne wurden begraben, aber die Verwaltung zahlte dennoch weiter jahrzehntelang die Erbbaupacht an den Besitzer des Feldes, einen Bauer aus Ostheim. Die Familie wurde in dem Zeitraum um 17 Millionen Euro reicher. Nach knapp 50 Jahren war der Spuk zu Ende und die GAG Immobilien AG, das städtische Wohnungsbau-Unternehmen, wurde mit der Bebauung beauftragt. Saniert wurde auch der benachbarte, ehemalige Schießplatz. Von 1955 bis 2006 befand sich links vom Grüngürtel-Rundweg der Kölner Tontauben-Schießplatz, und jahrelang war das Areal eingezäunt und mit Schildern („Betreten verboten!") markiert, weil der Boden mit bleiernen Munitionsrückständen belastet war. Durch das Gelände, das als Grünfläche erhalten bleiben soll, führt jetzt die Zufahrtsstraße in die neue Siedlung. Die neuen Waldbadviertel-Bewohner haben es im Sommer jedenfalls nicht weit bis zur nächsten Abkühlung. Hinter dem Zaun auf der rechten Seite des Grüngürtel-Rundwegs liegt das Naturfreibad Vingst, seit 1960 ein öffentliches Freibad. Zuvor wurde 30 Jahre Kies, Sand und Schotter abgebaut. Davon sind nur noch die Sandstrände am „Baggersee mit Stauden" übriggeblieben, der wunderbar mitten im Grünen liegt.

Am **Alten Deutzer Postweg** kommen wir aus dem Wald wieder ans Tageslicht und die nächsten Meter entlang der Straße bis zur **Kuthstraße**, dem Ende dieser 7. Etappe, haben ihre besondere, leicht schräge Faszination. Es ist dieses Gefühl, dass der Mensch, der zu Fuß unterwegs ist, im Gewirr von Schienen, Straßen, Über- und Unterführungen hier völlig fehl am Platze ist. Hier dominieren Autolenker in ihren Blechkisten, hier bestimmt die Geschwindigkeit Zeit und Raum. Im Minutentakt rauschen Regionalbahnen und ICE-Züge scheinbar über unsere Köpfe hinweg. Keine Krähe krächzt und keine Elster schnarrt. Wir würden die Vogelstimmen auch gar nicht hören. Hier herrscht die

Naturfreibad Vingst

mobile Stadt und ihre Verkehrsinfrastruktur und bedeckt alles mit einem Lärmteppich. In diese lebensfeindliche Umgebung verirrt sich kein Mensch – bis auf die Graffiti-Sprayer, die auch hier ihre Spuren im Beton hinterlassen haben. Aber wer genau hinschaut, entdeckt eine kleine Idylle mitten im Gewirr der Straßen. Im Frühjahr blühen zarte weiße Buschwindröschen und gelbes Scharbockskraut unter Bäumen in einem vom Verkehr umtosten Karree und behaupten sich in der naturfeindlichen Umgebung. Der Blütenteppich ist ein eindrückliches Bild für den Kontrast zwischen Natur und Autokultur.

Ähnlich kontrastreich geht es auf der 8. Etappe weiter, im Gremberger Wäldchen. Vom „Vingster Kreuz" sind es noch 800 Meter die **Kuthstraße** entlang bis zur Straßenbahnhaltestelle Vingst unter dem **Heßhofplatz**. Als Einkehr bietet sich die Bäckerei Newrzella fast am Eingang zur U-Bahn an, die als Bistro am Wochenende allerdings nur bis nachmittags geöffnet hat. Auf der anderen Seite des Platzes liegt noch eine Veedelskneipe.

"Vingst"
Start
Gremberger Wäldchen
Gremberger Hof
Westhovener Aue
sh. S. 148 – 149
Ziel
"Heinrich-Lübke-Ufer"

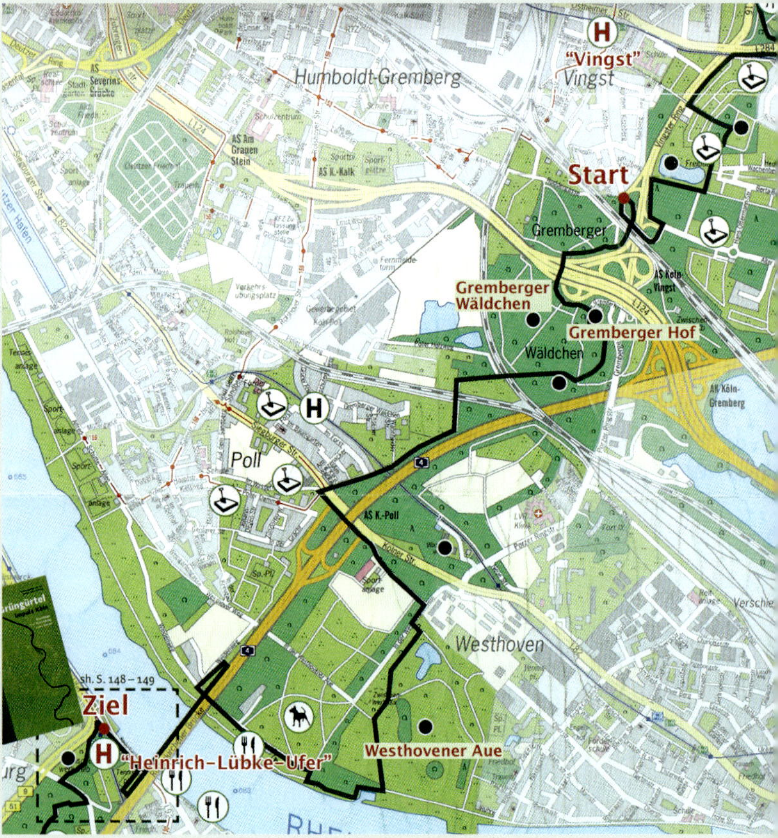

Etappe 8: Der fast ideale Wanderweg

8

Von Vingst nach Marienburg

Länge	7 Kilometer
Wanderzeit	2,5 Stunden
Start	Vingst, KVB-Haltestelle „Vingst“
Ziel	Marienburg, KVB-Haltestelle „Heinrich-Lübke Ufer“
Einkehren	**Cologne Sportspark**, Poller Weg 1, 51149 Köln, Tel. 0221/ 240 10 31, www.cologne-sportspark.de **Café Wiesenhaus**, https://de-de.facebook.com/pages/biz/51105/Wiesenhaus-Camping-und-Cafe-553116601383900/ **Poller Fischerhaus**, Weidenweg 46, 51105 Köln, Tel. 0221/ 829 13 22, www.poller-fischerhaus.com **Alte Liebe**, Rodenkirchener Leinpfad, 50996 Köln, Tel. 0221/ 39 23 61, www.bootshaus-alte-liebe.de „**Achterdeck**“ im Marienburger Bootshaus, Oberländer Ufer, 50968 Köln, Tel. 0221 37 62 87 97, https://achterdeck.koeln/ **Brauhaus Quetsch**, Hauptstraße 7, 50996 Köln, Tel. 0221/ 26036803, http://brauhaus-quetsch.de/
Info	www.cologne-sportspark.de www.camping-koeln.de

„Alpenwiese“ im Kölner Grüngürtel

Er ist ja manchmal etwas schmal, der Äußere Grüngürtel im Rechtsrheinischen, aber da, wo er breit ist, hat er seine besondere Anmutung wie in der Merheimer Heide und bei dieser Etappe im Gremberger Wäldchen und auf der Westhovener Aue. Überhaupt entpuppt sich dieser Weg von Vingst, entlang der Stadtteile Humboldt-Gremberg und Poll bis nach Marienburg als der fast ideale Wanderweg. Nur für den Lärm der Autobahn gibt es Punktabzug. Der Weg führt fast nur durchs Grün bis ans Wasser, es gibt unterwegs Einkehrmöglichkeiten und am Schluss bieten sich gleich zwei Hausboote zum finalen Einkehrschwung an, um die Etappe mit Blick auf den Rhein, auf seine großen und kleinen Schiffe und die hoch aufragende Rodenkirchener Brücke genüsslich ausklingen zu lassen.

Am Ende der letzten Etappe hatten wir erst die Hälfte des „Vingster Kreuzes“ geschafft, diesem Knäuel aus Schienen, Straßen und Autobahnzubringer, einem Ort, der für Menschen zu Fuß gar nicht gemacht ist. Trotzdem gibt es Bürgersteige. Wir wandern tapfer weiter zwischen grauen Betonbrückenpfeilern und unter grauen Fahrbahndecken entlang; als Kontrastprogramm streift unser Blick die grüne Böschung neben uns, die schlagartig die Farben explodieren lässt. Im Frühjahr entfaltet sich eine Pracht, die mit jeder Alpenblumenwiese konkurrieren kann. Die zarten, lilafarbenen Blüten des Gundermanns stehen neben dem gelben Scharbockskraut, dazwischen hat sich das Schaumkraut mit sein kleinen weißen Blüten ausgebreitet, ein paar Schritte weiter blüht der blaue Ehrenpreis und die purpurroten Blüten der Taubnessel sind auch schon da. Die Knoblauchsrauke steht blühtechnisch noch in den Startlöchern, während die weiße Sternmiere ihre Sterne schon geöffnet hat. Wer im Auto vorbeirauscht, verpasst diesen Blütenrausch, der sich nur dem erschließt, der zu Fuß unterwegs ist.

Die Abwesenheit von Mensch und Haustier scheint der Natur im „Vingster Kreuz“ gut zu bekommen, dabei ist die bunte Blütenböschung erst der Anfang. Wenn wir ein paar Meter weiter das Gremberger Wäldchen erreichen, bereitet sich unter den mehr als hundertjährigen Buchen und Eichen, die ihr erstes zartes Blattgrün zeigen, ein Meer von weißen Buschwindröschen aus. Wohin das Auge blickt, leuchtet auf dem Waldboden Sternchen an Sternchen, und ein ganz besonderes Naturschauspiel nimmt uns gefangen, das in Köln seinesgleichen sucht. Das Gremberger Wäldchen gehört zu den Resten des Kölner Waldes, wie es ihn vor 200 Jahren noch häufig rechts

Das Gremberger Wäldchen

und links des Rheins gegeben hat. Sein Pendant auf der anderen Seite, im Kölner Westen, findet sich im Landschaftsschutzgebiet Nüssenberger Busch (siehe Etappe 2). 1899 kaufte die Stadt Köln die 72 Hektar große Waldparzelle vom königlichen Forstfiskus. Das Gremberger Wäldchen war damals noch eher ein Urwald mit undurchdringlichem Unterholz über dem „...sich die Laubkronen uralter, prächtiger Eichen und Buchen breiteten." Obergärtner Hermann Robert Jung erhielt den Auftrag,„...neue landschaftliche Schönheit durch vorsichtige Ausholzung zu erschliessen..." Er ließ darüber hinaus Wege anlegen und Nadelhölzer pflanzen; 1912 wurde ein neues Forsthaus mit Gastwirtschaft eröffnet. Das Gremberger Wäldchen wurde umsichtig und nachhaltig - wie zur selben Zeit der Stadtwald – zu einem Ausflugsziel umgestaltet, ohne seinen vorhandenen Waldcharakter zu zerstören. Das ist noch heute zu spüren.

Der Name Gremberger Wäldchen entstand angeblich am Ende des 18. Jahrhunderts, als französische Revolutionstruppen nach Deutschland eindrangen und sich im Gremberger Wald ein österreichischer General mit seinen Soldaten verschanzt hatte. Er ließ den damals noch recht stattlichen Wald bis auf 50 Bäume abholzen, um freie Sicht zu haben. Seitdem heißt der Gremberger Wald nur noch Gremberger Wäldchen. Das besagt jedenfalls die Kirchenchronik. Der Grüngürtel-Rundweg führt am Gremberger Hof und dem ehemaligen

Ehemaliges Forsthaus im Gremberger Wäldchen

Forsthaus vorbei, das sich mittlerweile in Privatbesitz befindet. Ein brutaler Einschnitt war der Bau des Autobahnkreuzes Gremberg Anfang der 1970er Jahre, das sich wie eine Krake rücksichtslos im Wald ausbreitet. Autolärm ist deshalb leider unser ständiger Begleiter. Als Ausgleich wurde dem Naherholungsgebiet der bewaldete Bereich weiter östlich um das ehemalige Zwischenwerk IXb zugeschlagen. Ein schwacher Trost.

Nicht weit von den alten Häusern im Wald, nur 100 Meter abseits vom Grüngürtel-Rundweg, befindet sich ein besonderer Ort, der Stille und Einkehr geradezu verlangt. Der mit einem niedrigen Jägerzaun eingefasste Platz ist mit Koniferen bepflanzt und wie ein kleiner Friedhof gestaltet. Es ist die Gedenkstätte für 74 sowjetische Bürger, die „während ihrer Gefangenschaft unter dem Faschismus in den Jahren 1941 bis 1945 ermordet wurden". So steht es in kyrillischer Sprache auf einem großen Findling, von dem man bis heute nicht weiß, wer ihn aufgestellt hat. 1985, 40 Jahre nach Kriegsende, ließ die „Vereinigung der Verfolgten des Naziregimes" (VVN) die Plastik einer trauernden Mutter des Kölner Künstlers Klaus Balke dazu stellen und eine Steinplatte mit der deutschen Übersetzung der Inschrift. In diesem Bereich befand sich ein Sammellager für erkrankte Zwangsarbeiter aus Osteuropa und Frankreich, die in den umliegenden Industriebetrieben beschäftigt waren. Es wurde „Sterbelager" genannt,

„Die trauernde Mutter" erinnert an die Opfer des „Sterbelagers"

weil die bis zu 150 Menschen, die dort gleichzeitig untergebracht waren, kaum medizinisch versorgt wurden. Wie viele von ihnen während der Naziherrschaft starben, ist nicht bekannt und auch ihre Namen sind nicht überliefert. Die Gedenkstätte befindet sich an der Stelle eines Massengrabs für Zwangsarbeiter aus der Sowjetunion.

Erst wenn wir den Wald verlassen haben, lässt der Lärm deutlich nach. Wir gehen durch die Eisenbahnunterführung und begeben uns auf den **Poller Holzweg**. Es ist ein Stück Niemandsland auf der Rückseite der Stadt, durch das wir jetzt wandern. Hier sprießen Waldrebe und Knöterich, Brombeersträucher und junge Robinien haben sich ihren Platz erobert. Noch nicht Zivilisation, aber auch nicht wildromantische Natur, sondern ein typisches Stadtbiotop zwischen der Autobahn, die hinter einem Erdwall rauscht, Eisenbahnschienen über uns und den Kleingärten auf der anderen Seite des Weges. Immerhin rund 13.000 Schrebergärten gibt es in Köln, die in 115 Kleingartenvereinen organisiert sind. Diese Gartenanlagen gehörten von Anfang an zum Konzept der friedlichen Umnutzung der ehemaligen preußischen Festungsanlagen.

Schritt für Schritt nähern wir uns den Häusern von Poll und der breiten **Siegburger Straße**, die noch breiter wirkt, weil hier die Auf- und Abfahrten zur Autobahn 4 dazukommen, die auch durch den

Gleich neben dem Sportpark schweift der Blick bis zur Oberkante der Rodenkirchener Brücke

Äußeren Grüngürtel verläuft. 300 Meter müssen wir an der Straße entlanggehen, wieder durch ein Stück Niemandsland, das sich die neuen Gastarbeiter aus Rumänien oder Bulgarien als neues Zuhause auf Zeit ausgesucht haben. Sie haben ihre einfachen Zeltunterkünfte direkt unterhalb der Autobahn aufgebaut und versuchen, sich hier durchs Leben zu schlagen.

Aber schon kurz hinter dem Autobahnzubringer verlassen wir wieder die **Siegburger Straße**, gehen nach rechts und kommen am „Cologne Sportspark" vorbei, einer großen, privaten Sportanlage mit Beachvolleyball-Plätzen, Tennishallen und Plätzen für In- und Outdoor-Fußball. Die Anlage ist täglich von 9 bis 23 geöffnet und auch das dazugehörige Bistro, das über eine große Terrasse verfügt; ideal für eine erste Einkehr nach der Hälfte der Etappe. Gleich neben dem Sportpark liegt ein großes Feld und wenn wir den Blick über den Acker schweifen lassen, sehen wir die Oberkante der beiden „Torbögen" der Rodenkirchener Brücke im charakteristischen Kölner Brückengrün, die gerade noch über die Baumwipfel lugen. Der Rhein ist also nicht mehr weit.

Am Ende von Feld und Gehölzstreifen gehen wir noch ein kurzes Stück die Straße In der **Westhovener Aue** entlang, um dann zügig nach links in die Aue abzubiegen. Das Betreten dieses Geländes ist erst seit 2005 möglich; zuvor war es fast 70 Jahre lang militärisches Sperrgebiet. Es war das Übungsgelände der ehemaligen Kaserne Brasseur, die im Norden des Geländes lag, und von 1951 bis 1995 vom Belgischen Militär genutzt wurde. Aber schon in den 1930er Jahren hatte die Wehrmacht zwei Kasernen in Westhoven gebaut, das damals noch zur Stadt Porz am Rhein gehörte. Erst 1985 wurde der Leinpfad am Rheinufer von Westhoven nach Poll wieder geöffnet, so dass es seitdem eine durchgängige Verbindung für Fußgänger und Radfahrer von Deutz bis an die südliche Stadtgrenze in Langel gibt. 2002 kaufte die Stadt das 64 Hektar große Gelände vom Bund und entschied im Rahmen ihres Hochwasserschutzkonzeptes, die Westhovener Aue nicht zu bebauen, sondern als Retentionsfläche zu nutzen, das heißt bei Rheinhochwasser zu fluten.

Die späte Verlängerung des Äußeren Grüngürtels an dieser Stelle bis an den Rhein ist vielleicht ein Grund dafür, dass dieser Park noch ein Geheimtipp ist, und hier zu wandern ist eine echte Entdeckung. Große Wiesenflächen tun sich auf, die von Waldmänteln aus Sträuchern und Bäumen begrenzt sind, die im Herbst die schönsten Farbspiele bieten. Im Frühjahr ziehen einzeln stehende, blühende Bäume den Blick auf sich, und Hummeln und Schmetterlinge tanzen in den ersten wärmenden Sonnenstrahlen, während am Himmel die Bussarde kreisen und sich im lauen Aufwind treiben lassen. In einer Senke liegt ein kleiner Tümpel, den Nilgänse und Kanadagänse für sich entdeckt haben. Manchmal streifen die Tiere auch scheinbar ziellos über die Wiese und genießen die weite Aue. Eigentlich darf man den Grüngürtel auf dieser Rheinseite nicht mit der schicken Parklandschaft um den Decksteiner Weiher vergleichen. Dagegen spricht schon die Größe, denn das Areal zwischen Luxemburger und Dürener Straße ist viermal so groß. Die Westhovener Aue hat andere Qualitäten, ist noch ursprünglicher, nicht so gestutzt, abgelegener, ein wenig verschlossener. Und dass sich hinter den Bäumen die Hochhäuser des Westhovener Wohnparks auftürmen? Schwamm drüber, über die Bausünde der 1970er Jahre.

Dafür hat die Aue etwas ganz Entscheidendes, was linksrheinisch fehlt: die Nähe zum Rhein, den Auenwald an seinem Ufer, der sich je nach Wasserstand immer wieder verändert und manchmal breite Kiesstrände freigibt. Angler sitzen dann am Rheinstrand und geben ein Beispiel für ein entschleunigtes Leben. Zum gesamten Ensemble passt auch der kleine Campingplatz mit seinen 140 Stellplätzen auf

Die Westhovener Aue beeindruckt zu allen Jahreszeiten

Am städtischen Campingplatz – Café Wiesenhaus

der Wiese, unter großen Bäumen. Den einzigen städtischen Campingplatz gibt es seit den 1950er Jahren. Von März bis September hat auch das Café Wiesenhaus auf dem Platz geöffnet, ein verträumter Ort zum Entspannen, scheinbar weit entfernt von der Hektik der Großstadt. Für die allerletzte Einkehr auf rechtsrheinischem Boden bietet sich – auch nur im Sommer – das Poller Fischerhaus fast unter der Rodenkirchener Brücke an.

Die Großstadt ist allerdings unüberhörbar durch das ständige Rauschen der Autos und Lastwagen auf der Rodenkirchener Brücke über uns, über die täglich 155.000 Fahrzeuge rollen. Entworfen hat die mächtige Hängekonstruktion der Architekt Paul Bonatz, geplant und gebaut wurde sie vom Stuttgarter Brückenbau-Ingenieur Fritz Leonhardt, der für die Reichsautobahn-Gesellschaft arbeitete. Gebaut wurde die Brücke von 1938 bis 1941 als Teil der Autobahn Köln-Aachen und galt damals als die weit gespannteste Hängebrücke Europas.

Ein Luftangriff am 14. Januar 1945, in der Endphase des Zweiten Weltkriegs, zerstörte die Brückenkonstruktion mit den beiden Toren. In den Jahren 1952 bis 1954 erfolgte der Wiederaufbau; die alten Pylone waren sogar noch zu gebrauchen. 40 Jahr später, von 1990 bis 1994, wurde an die nördliche Seite ein Zwilling angeschweißt und

Prächtiger Blick aufs Stadtpanorama

die Fahrbahn von vier auf sechs Spuren erweitert. Seitdem verfügt die Brücke über zwei Doppeltore.

Über diesen Zwilling wandern wir und jetzt liegt uns nicht nur der Rhein zu Füßen, sondern das gesamte Stadtpanorama breitet sich vor uns aus, mit den Kranhäusern im Rheinauhafen als neuem Blickfang, der Südbrücke und der Severinsbrücke und natürlich dem Dom. So ein Finale macht Lust auf eine schöne Schlusseinkehr und gleich drei Lokale stehen dafür zur Verfügung: das Hausboot „Alte Liebe“ und das Marienburger Bootshaus mit dem Lokal „Achterdeck“, das näher zur Straßenbahnhaltestelle liegt, oder die „Quetsch“ an der Hauptstraße und nicht auf dem Wasser, sondern mit schöner Aussicht von oben.

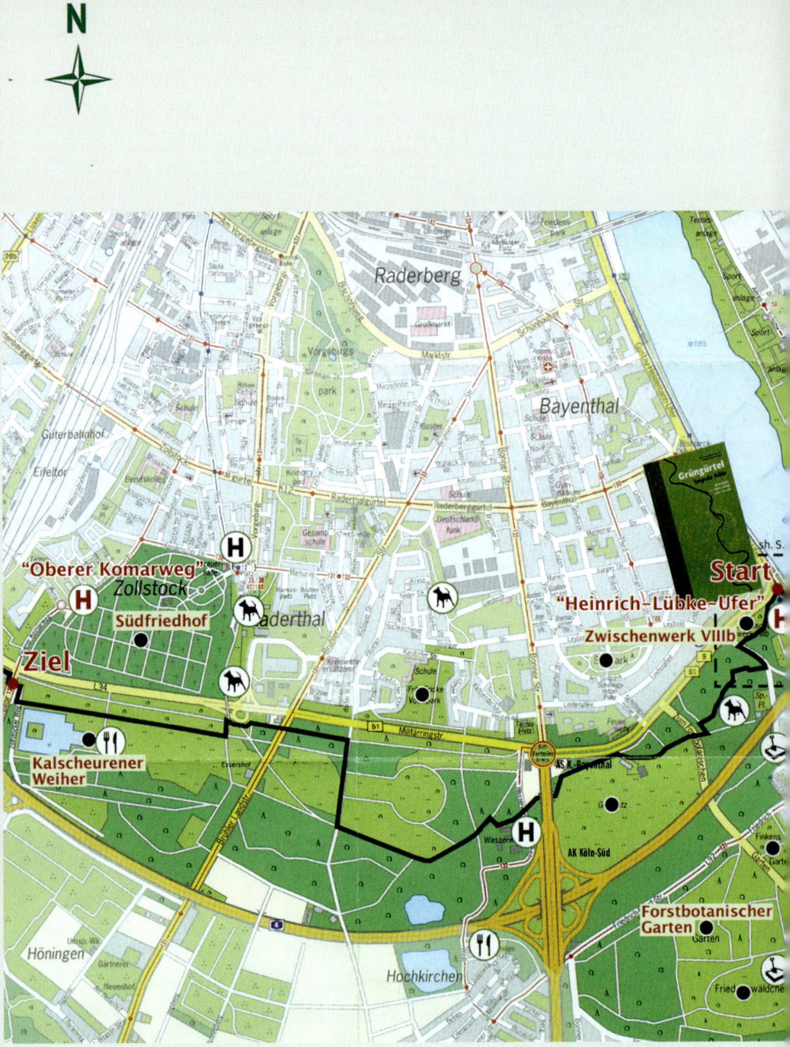

Raderberg

Bayenthal

"Oberer Komarweg"

Zollstock

Südfriedhof

Ziel

Start

"Heinrich-Lübke-Ufer"

Zwischenwerk VIIIb

Kalscheurener Weiher

Forstbotanischer Garten

Höningen

Hochkirchen

AK Köln-Süd

Militärringstr.

Etappe 9: Schöner grüner Grüngürtel

9

Von Marienburg nach Zollstock

Länge	6,5 Kilometer
Wanderzeit	2 Stunden
Start	Marienburg, KVB-Haltestelle „Heinrich-Lübke-Ufer“
Ziel	Zollstock, KVB-Bushaltestelle „Oberer Komarweg“
Einkehren	**Büdchen am Kalscheurer Weiher** (kalscheurer-weiher.de)
	Van der Put, Höninger Platz 3, 50969 Köln, Tel. 0221/ 16 85 80 87
	Haus Schäffer, Markusstraße 126, 50968 Köln, Tel. 0221/ 16 82 44 81, www.haus-schaeffer.de
Info	Kölner Festungsmuseum: https://welt.unter.koeln
	www.marienburger-golfclub.de
	www.koelner-gruen.de
	Südfriedhof: www.stadt-koeln.de/leben-in-koeln/freizeit-natur-sport/friedhoefe/adressen/suedfriedhof

Weg zum „grünen" Fort in Marienburg

Ab jetzt macht der Grüngürtel-Rundweg seinem Namen alle Ehre und führt nur noch durchs Grün bis zum Finale im Sportpark Müngersdorf. Aber an dieser Stelle von Premium-Etappen zu sprechen, würde gerade den rechtsrheinischen Wegabschnitten nicht gerecht werden, die ihren ganz eigenen Charme und ganz andere Seiten haben. Aber diese Etappe ist durchgehend schön grün und zum Ende hin wird der Grüngürtel immer breiter, wenn auch wieder mal, gerade bei gutem Wetter und mit viel Ostwind, der Autolärm unser ständiger Begleiter ist.

Direkt neben der Straßenbahnhaltestelle „Heinrich-Lübke-Ufer“ führt der Grüngürtel-Rundweg zum ehemaligen Zwischenwerk VIIIb, das im grünen Gelände eingebettet ist. Es wurde von 1873 bis 1876 gebaut und bot 150 Soldaten beengten Platz. Es ist als einziges der 182 Kölner Festungsbauten nahezu unverändert erhalten geblieben. Das geht auf das besondere Engagement von Oberbürgermeister Konrad Adenauer zurück, der das südlichste Zwischenwerk auf der linksrheinischen Seite in den 1920er Jahren unbedingt vollständig in sein Konzept für den Grüngürtel einbeziehen wollte. Die Kehlkaserne mit dem umlaufenden, gemauerten Graben wurde 1926 nach den Plänen von Gartenbaudirektor Fritz Encke zu einem „grünes Fort“ umgestaltet. Ein Teil des Daches wurde abgetragen und auf dem neuen Flachdach entstand ein geometrisch gegliederter Schmuckgarten, der heute aus seinem Dornröschenschlaf geweckt werden müsste. Denn gerade noch sind die Baumhaine mit den gestutzten Platanen zu erkennen, aber die einstmals schön gepflegte Wiesenfläche mit Rosenbeeten ist nur noch ein beliebiges Stück Grünland. Seit 2004 befindet sich in der alten Festungsanlage das Kölner Festungsmuseum, das vom gleichnamigen Verein betrieben wird. Die Mitglieder, die sich ehrenamtlich engagieren, investieren viel Zeit und Energie, um das alte Gemäuer in Schuss zu halten und Besuchern eine Ahnung davon zu geben, wie die immerhin 160 Meter breite und 90 Meter tiefe Kaserne innen und außen einmal ausgesehen hat und wie sie genutzt wurde.

Haben wir in der letzten Etappe den fast idealen Wanderweg erlebt, liegt hier die fast ideale, ehemalige Kaserne vor uns. Vom militärischen Zweck ist nichts mehr zu spüren, statt dessen strahlt das sanfte Hügelgelände mit seinen breiten Wegen und den vereinzelt stehenden Bäumen eine Ruhe und Friedlichkeit aus, die im Gegensatz zum einstigen Nutzen steht. Sogar Apfelbäume haben ihren Platz und an dieser Stelle wird deutlich, wie Adenauers Vision des Äußeren

Dachgarten auf dem ehemaligen Zwischenwerk VIIIb

Grüngürtels Wirklichkeit wurde, dass „…etwas geschaffen wird, woran sich noch Jahrhunderte freuen werden".

Diese besondere Atmosphäre setzt sich nach der Kaserne, im weiteren Verlauf des Grüngürtel-Rundwegs, fort. Wir wandern durch schönsten Laubmischwald mit Buchen, Eschen, Eichen und Ahornbäumen, an Wiesenflächen entlang, die einzeln stehenden Platanen eine natürliche Bühne bieten. Der Grüngürtel ist an dieser Stelle noch nicht Wald, aber auch nicht mehr Park. Gerade diese Unentschiedenheit macht seinen Reiz aus. Wir streifen die Anlage des Marienburger Golfclubs, der im Jahr 1906 als „Kölner Golf Club" gegründet wurde und damit zu den ältesten Golfclubs in Deutschland zählt. Als die preußische Militärverwaltung 1908 die Flächen im Vorfeld der Festungsanlagen freigab, ergriffen die Clubmitglieder die Chance und bauten sich auf dem Gelände in Marienburg ihren eigenen 18-Loch-Platz, der aufgrund seiner leicht hügeligen Lage und dem alten Baumbestand zu den schönsten Plätzen in Köln zählt.

Der Golfplatz liegt nicht zufällig gerade hier, am Rand von Marienburg, dem Kölner Villenvorort. Wer eine Idee davon erhalten möchte, wie Köln noch aussieht, wandert nach der Überquerung der Straße **Zum Forstbotanischen Garten** am ersten Weg nach rechts, überquert die **Militärringstraße** und taucht in eine Kleinstadtidylle ein mit

Ehemaliges Zwischenwerk VIIIb

stattlichen Häusern auf großzügigen Grundstücken aus diesem und dem letzten Jahrhundert, umgeben von viel Grün. Hier findet noch jeder Bewohner einen Parkplatz direkt vor der Haustür und Straßenfeger sind äußerst bemüht, Plätze und Gehwege sauber zu halten.

Wir wandern weiter am Zaun des Golfplatzes entlang, und wenig später schiebt sich in einem kleinen Hain mit Laub- und Nadelbäumen ein roter Stab ins Bild, der aus dieser Perspektive wie ein kahler Baumstamm aussieht. Es ist jedoch die 50 Meter hohe, knallrote Stele, die zum Werk „Standortmitte" des Kölner Künstlers Lutz Fritsch gehört und am Anfang der Autobahn 555 steht. Die andere, identische Säule – jeweils mit einem Durchmesser von 90 Zentimetern – befindet sich 23 Kilometer weiter südlich am Ende der Autobahn von Köln nach Bonn, ebenfalls in der Mitte eines Kreisverkehrs. Das imposante Kunstwerk wurde im Jahr 2008 im Rahmen der Regionale 2010 verwirklicht, dem Strukturförderprogramm des Landes NRW. Die beiden Landmarken sollen die beiden Städte am Rhein symbolisch miteinander verbinden. Die Stahl-Stelen stecken „... wie Akupunkturnadeln in der Blutbahn des Verkehrsstroms...", meint jedenfalls der Künstler. Interessant ist seine Arbeit schon, denn sie kennzeichnet Anfang und Ende der ältesten Autobahn Deutschlands, die Konrad Adenauer 1932 eröffnet hat. Beim Bau in den Jahren 1929 bis 1932 gab es den klar definierten Begriff Autobahn zwar noch nicht, aber die „Kraftwagenstraße" hatte

Großzügige Landschaft im Grüngürtel

alles, was eine Autobahn braucht: vier kreuzungsfreie Spuren, eine Breite von zwölf Metern und einen Mittelstrich, der die Richtungsfahrbahnen optisch voneinander trennte. Kurze Zeit nach der Eröffnung stuften die Nationalsozialisten die Straße allerdings zur Landstraße herab, um sich selbst als Erbauer der ersten Autobahn zu präsentieren. Offiziell ist diese Autobahn erst seit 1958 eine Autobahn. Als Bonn noch Bundeshauptstadt der Republik war und es keine Geschwindigkeitsbegrenzung gab, galt die A 555 als „Diplomatenrennbahn", denn die Regierungsangestellten, die in Bonn arbeiteten und in Köln wohnten, zischten gerne mit ihren PS-starken Dienstwagen über die Piste. Diese Verbindung ging mit dem Umzug nach Berlin verloren und ist mit Hilfe der Kunst wiederbelebt worden.

Wir wandern unter der Autobahn durch, durch ein Wäldchen, das Teil des Wasserschutzgebiets rund um das nahe gelegene Wasserwerk Hochkirchen ist, und erreichen den Teil des Äußeren Grüngürtels, der sich einen Kilometer breit zwischen Autobahn 4 und Militärringstraße erstreckt. Hier ist die Vision von Konrad Adenauer aufgegangen, den Kölnern die Erholung vor der Haustür zu ermöglichen und Gartenbaudirektor Fritz Encke plante so, dass „...jedem Bewohner die verschiedenen Erholungs- und Betätigungsmöglichkeiten in leicht erreichbare Nähe ... rücken." Durch die Großzügigkeit der Parklandschaft zu wandern, ist zu jeder Jahreszeit eine Freude. Sei es im Frühsommer, im

Weg durchs Wäldchen im Wasserschutzgebiet

hohen Gras und der Idee der nordamerikanischen Prärie vor sich oder im Herbst, wenn der weit gespannte Grüngürtelhimmel und das bunt gefärbte Laub der Bäume die schönsten Farbkompositionen zaubern. Wir wandern am Rand einer Senke entlang, und an der Geländeformation ist noch schwach zu erkennen – und viel besser auf jedem Stadtplan – dass sich hier einst ein kreisrunder Teich befand, sogar mit einem Inselchen in der Mitte. Die Anlage wurde im Zweiten Weltkrieg zerstört und nicht wieder instandgesetzt – im Gegensatz zum Kalscheuerer Weiher, dem Ziel dieser Etappe, der sich knapp zwei Kilometer weiter westlich befindet und den eckigen Gegenpart zum verschwundenen Gewässer bildet.

Noch eine Landmarke ragt hinter dem Grüngürtel auf, die Ende 2020 Geschichte sein wird. Vierzig Jahre standen die Türme des Deutschlandfunks (links, 102 Meter hoch) und der ehemaligen Deutschen Welle (rechts, 138 Meter hoch) nebeneinander. Weil das Gebäude des staatlichen Auslandsrundfunk mit Asbest verseucht war, musste es geräumt werden. Bereits seit 2003 wird aus Bonn gesendet. Das Hochhaus wurde jahrelang vorsichtig entkernt und anschließend Etage für Etage abgebrochen. Dort sollen Wohnungen gebaut werden..

Nachdem wir ein Stück auf dem asphaltierten **Robinienweg** gewandert sind, folgen wir nicht der Wegmarkierung des Grüngürtel-

Kleine Birkenhaine säumen den Wanderweg

Rundwegs bis kurz vor die **Militärringstraße**, sondern biegen einen Fußweg vorher nach links ab, wenn im Anschluss an die Wiesenfläche der Wald wieder beginnt. Die eigentliche Markierung folgt dem neu angelegten Radweg, aber für Wanderer ist die Alternative ohne Asphalt deutlich angenehmer. An der **Brühler Straße** müssen wir ein kurzes Stück nach links an der Leitplanke entlanggehen, um die Straße überqueren zu können. Wir stehen auf dem Straßendamm und genießen von dieser kleinen Anhöhe den Blick in die Grüngürtel-Landschaft, auf die große Wiesenfläche, die von Mischwäldern gesäumt wird. Im Frühjahr machen zu unseren Füßen besonders die zarten Blüten von Gundermann, Ehrenpreis und Storchschnabel auf sich aufmerksam, die in der Wiese üppig blühen.

Wir wandern geradeaus und sehen bald wieder die Markierungen des Grüngürtel-Rundwegs an den Bäumen. Und wir sehen am Wegesrand kleine Birkenhaine, vielleicht 40 Meter lang und 20 Meter tief. Sie erinnern in ihrer Regelmäßigkeit an die Birkenwälder in Skandinavien und ihre weiße Stämme mit dem frischen Grün im Frühjahr und der schönen Gelbfärbung im Herbst nehmen den Blick gefangen und sorgen für Abwechslung und Vielfalt im Landschaftspark. Fast schon ein wenig gespenstisch wirken dagegen die Haine mit Robinien, die erst später im Jahr ausschlagen und kahl und abgestorben aussehen zwischen dem jungen, frischen Grün, das sich explosionsartig nach dem Winter ausgebreitet hat.

Der letzte Robinienhain grenzt an den breiten Weg, der den Kalscheurer Weiher fast im Quadrat umrundet. Der Grüngürtel-Rundweg führt rechts am Wasser vorbei bis zur Straße Am Eifeltor, aber den Weiher einfach links liegen zu lassen, wäre wirklich zu schade. Denn der Kalscheurer Weiher ist ein verstecktes Kleinod im Grüngürtel, abseits der großen Ströme erholungssuchender Großstädter. Natürlich ist das deutlich kleinere Gewässer nicht so mondän wie zwei Kilometer weiter der Decksteiner Weiher mit seinem langen Kanal. Dafür versprüht der Kalscheurer Weiher einen bodenständigen Charme und es passt dazu, dass der kleine Kiosk, seit der Sanierung des Ufers im Jahr 2010, die die Kölner Grün Stiftung umgesetzt hat, von einem Verein in ehrenamtlicher Arbeit gemanagt wird. Tretbötchen können ausgeliehen werden, um Richtung Vogelinsel zu schippern und vom Wasser die Kolonie Graureiher zu beobachten, die dort lebt. Auf den flachen Uferwiesen und im Wasser tummeln sich zudem Blässhühner, Schwäne, Nil- und Kanadagänse. In dieser Abgeschiedenheit scheint die Welt kurz stillzustehen, obwohl gleich in der Nachbarschaft das Güterverkehrszentrum Eifeltor liegt, wo Schnelligkeit und Effizienz die Welt bewegen.

Nach schöner Pause am Wasser – der Kiosk hat bei gutem Wetter jeden Tag ab 14 Uhr geöffnet – wandern wir weiter bis zur **Militärringstraße**, die wir überqueren. Wir gehen 400 Meter die Straße **Oberer Komarweg** entlang und erreichen am Kreisverkehr die gleichnamige Bushaltestelle. Hier gibt es auch einen Nebeneingang in den Südfriedhof. Ein Gang über Kölns größten Friedhof – hier befindet sich seit den 1920er Jahren ein britischer Ehrenfriedhof und 4000 Kölnerinnen und Kölner wurden hier beerdigt, die während des Zweiten Weltkriegs ihr Leben verloren – bis zum Ausgang am **Höninger Platz**, der Endhaltestelle der Straßenbahnlinie 12, passt gut zu dieser Tour. Gerade in einer Großstadt sind Begräbnisorte nicht nur Orte der Trauer, sondern auch geschützte Naturräume, Plätze zum Ausruhen, Nachdenken und Durchatmen.

Der Kalscheurer Weiher lädt zu einer Pause am Wasser ein

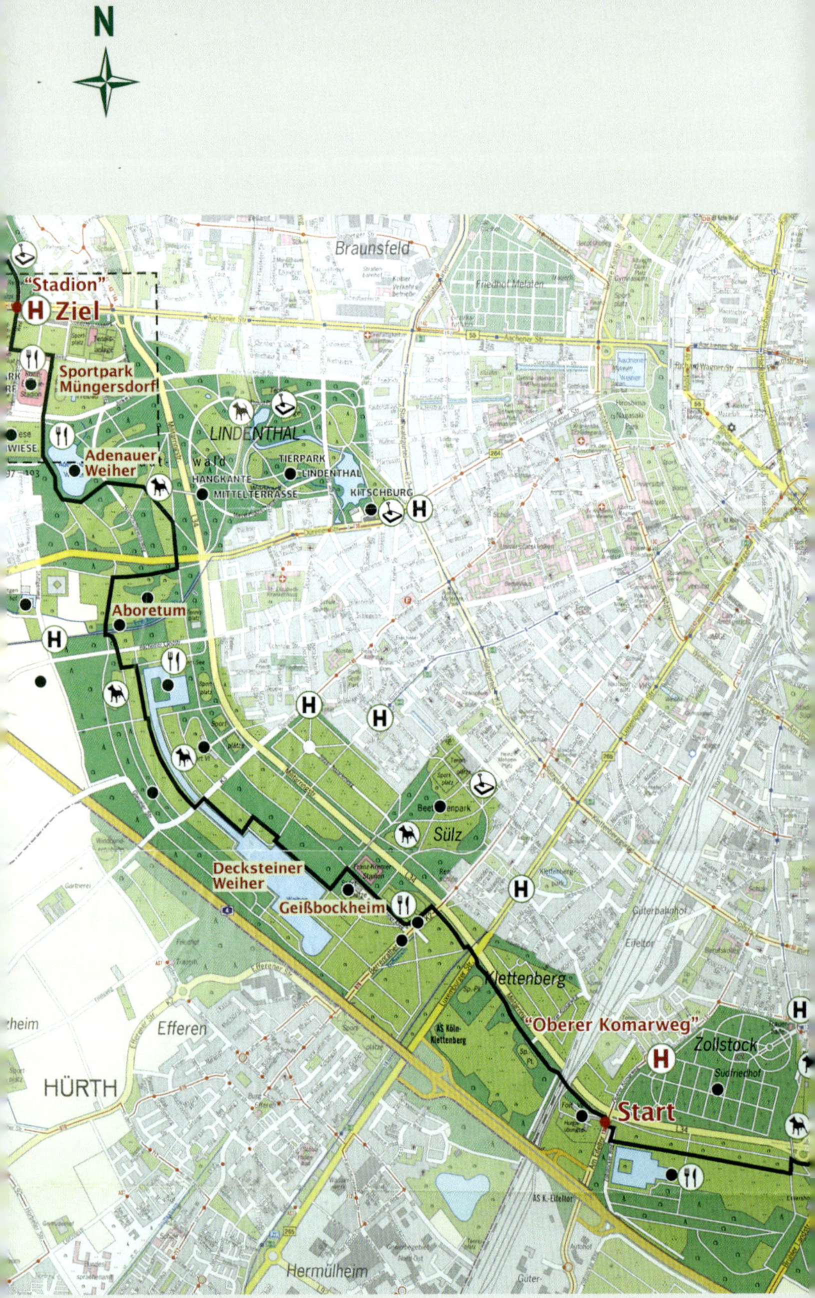

"Stadion"
H Ziel
Sportpark Müngersdorf
Adenauer Weiher
Braunsfeld
Friedhof Melaten
LINDENTHAL
TIERPARK LINDENTHAL
HANGKANTE
MITTELTERRASSE
KITSCHBURG
Aboretum
Beethovenpark
Sülz
Decksteiner Weiher
Geißbockheim
Klettenberg
"Oberer Komarweg"
Zollstock
Südfriedhof
Start
Efferen
HÜRTH
Hermülheim

Etappe 10: Weiher-Tour mit sportlichen Akzenten

10

Von Zollstock nach Müngersdorf

Länge	8 Kilometer
Wanderzeit	3 Stunden
Start	Zollstock, KVB-Bushaltestelle „Oberer Komarweg“
Ziel	Müngersdorf, KVB-Haltestelle „Stadion“,
Einkehren	**Geißbockheim**, Franz-Kremer-Allee 1-3, 50937 Köln, Tel. 0221/ 716 16 64 70, www.geissbockheim-fckoeln.de **Club Astoria**, Guts-Muths-Weg 3, 50933 Köln, Tel. 0221/ 987 45 10, www.club-astoria.eu **Stadtwaldgarten**, Aachener Str. 701, 50933 Köln, Tel. 0221/ 34 66 61 70, ww.stadtwaldgarten-koeln.de
Info	www.djk-suedwest.de www.rugby-koeln.de www.roemerkanal-wanderweg.de https://fc.de www.koelnbaeder.de/bad/stadionbad Führungen durch das Stadion: wwww.rheinenergiestadion.de/de/stadionfuehrungen

Wiesenkerbel verwandelt die Wegstrecke in ein weißes Blütenmeer

Es ist ein Paradestück, sozusagen das Sahnehäubchen zum Schluss, die letzte Etappe des Grüngürtel-Rundwegs. Vorbildlich hat das Gespann Adenauer/Schumacher hier seine Idee umgesetzt, auf dem Gelände zwischen den alten preußischen Festungsanlagen frei zugängliche Flächen und Einrichtungen mit großzügigen Sport- und Spielplätzen zu schaffen. Höhepunkte im weiträumigen Landschaftspark bilden dabei die künstlich angelegten Wasserflächen, und die letzten acht Kilometer sind daher fast eine „Drei-Weiher-Tour“ mit einem besonderen Zieleinlauf. Denn vom Start ganz in der Nähe des Kalscheurer Weihers führt der Weg entlang des Decksteiner Weihers und erreicht kurz vor dem Ziel den Adenauer Weiher, streift unterwegs das Geißbockheim, das Vereinsheim des 1. FC Köln, und endet am Müngersdorfer Stadion. Mehr Sport und Spiel geht fast gar nicht.

Die ersten 500 Meter führen direkt an der **Militärringstraße** entlang, aber wer will, kann parallel dazu den Trampelpfad hinter dem Zaun und später im Wald nutzen. Allerdings verwandelt im Frühjahr der Wiesenkerbel selbst diese öde Wegstrecke in ein Meer aus weißen Blütendolden. Dann geht es gleich sportlich los, denn links vom Weg liegt die Sportanlage des DJK Südwest Köln. Der Breitensportverein hat mit 750 Aktiven eine der größten Fußballabteilungen in Köln. Kurz vor der **Luxemburger Straße** liegt der nächste Sportplatz, der seit Anfang der 2000er Jahre vom „Rugby Sport Verein Köln“ genutzt wird. Wer hätte gedacht, dass es Rugby in Köln gibt, diese Ballsportart mit der „Pflaume“, die zeitgleich mit dem Fußball in England Anfang des 19. Jahrhunderts entstanden ist. Der Vorläufer des Vereins wurde 1951 als Abteilung des ASV Köln gegründet. Seit 2018 ist der Kölner Rugbyverein eigenständig und hat rund 300 Mitglieder.

Der Grüngürtel-Rundweg verläuft rund einen Kilometer durch schattigen Laubwald, aber leider auch über den asphaltierten Radweg. Aber links davon hat sich ein Trampelpfad für Jogger und Wanderer etabliert. Die Bäume versperren fast ein wenig den Blick auf die große Wiesenfläche zwischen den beiden Sportplätzen, denn hier ist die Idee des Äußeren Grüngürtels deutlich zu erkennen. Die Wiesen, eingerahmt von alten Waldbeständen, bieten einerseits einen natürlichen Schutz gegen Lärm und Schmutz des nahe gelegenen Autobahnrings und vermitteln andererseits eine großzügige Freifläche mitten in der Stadt. Hier findet jeder sein Plätzchen, ob für ein entspanntes Picknick im Grünen oder für die private Techno-Party am Sonntagmorgen.

Bis zur **Berrenrather Straße** führt der Grüngürtel-Rundweg dicht an der **Militärringstraße** entlang, die in den Jahren 1872 bis 1878 entstand und die preußischen Forts des äußeren Festungsrings miteinander verband. Die Ringstraße ist nach wie vor eine wichtige Verkehrsverbindung, die gleichzeitig wie eine Abgrenzung zwischen dem eigentlichen Kölner Stadtgebiet und seinen Vororten wirkt. Aber diese Trennlinie verschwindet immer mehr.

Die Kreuzung von **Luxemburger Straße** und **Militärringstraße** ist groß und raumgreifend, weil hier zudem noch die Straßenbahn kreuzt. Der Verkehr ist schnell an dieser Stelle, aber für einen Moment lässt ein Graureiher die Geschwindigkeit vergessen, als er über der Straße einschwebt, um auf der angrenzenden Wiese zu landen. Die Autos, die mit viel künstlicher Energie vorwärts bewegt werden und der Vogel, der ganz leicht und sanft, nur mit Hilfe der Windkraft landet, bilden einen wunderbaren Gegensatz im Grüngürtel ab.

Bevor wir wenig später die **Berrenrather Straße** kreuzen, überqueren wir noch den Duffesbach, der gerade im Sommer, wenn die Bäume voll belaubt sind, in seinem schmalen, an den Rändern steilen Bachbett fast übersehen wird. Dabei war „de Baach", wie er jahrhundertelang nur genannt wurde und der in der Ville vor den Toren Kölns entspringt, insbesondere im Mittelalter wichtig für die Kölner Wirtschaft, denn am Bach lagen beispielsweise die Werkstätten der Färber und Gerber. Erst Anfang des 19. Jahrhunderts erfolgten die Bezeichnungen Weidenbach, Rothgerberbach, Blaubach und Mühlenbach für seine verschiedenen Abschnitte. Heute erinnern nur noch diese Straßennamen an seinen eigentlichen Verlauf. Denn im Äußeren Grüngürtel verschwindet der Duffesbach in die Kanalisation und bleibt dort bis zur Mündung in den Rhein in Höhe der romanischen Kirche St. Maria Lyskirchen in der Nähe des Heumarkts.

An der Berrenrather Straße geht es noch weiter zurück in die Vergangenheit, zweitausend Jahre zurück bis zu den Römern. Denn hier ist ein kleines Stück der einst 95 Kilometer langen römischen Wasserleitung ausgestellt, die vom 1. bis 3. Jahrhundert n. Chr. vom Urfttal bei Nettersheim in der Eifel nach Köln führte und täglich 20.000 Kubikmeter frisches Quellwasser, also 20 Millionen Liter, in die Provinzhauptstadt Niedergermaniens spülte. Die längste Fernwasserleitung des römischen Reiches war eine reine Gefälleleitung und ein technisches Meisterwerk. Das verdeutlicht das benachbarte

Ein Stück der römischen Wasserleitung, die frisches Quellwasser aus der Eifel nach Köln brachte

Absetzbecken im Schutzhaus neben dem Rest der Wasserleitung. Es wurde 1927 bei Bauarbeiten im Grüngürtel freigelegt. Mit Hilfe einfacher physikalischer Verfahren konnten sich hier Schwebstoffe aus dem Wasser ablagern. Darüber hinaus konnte mit Hilfe von Sperrvorrichtungen die Wasserleitung gereinigt werden. Das Klärbecken wurde schon um das Jahr 30 n. Chr. gebaut, noch bevor Köln um 50 n. Chr. das Stadtrecht erhielt. In den Mauern der Colonia Claudia Ara Aggrippinensium lebten 100 Jahre später, zu Beginn des 2. Jahrhunderts n. Chr., etwa 15.000 Menschen; weitere 5.000 wohnten und arbeiteten vor den Toren. Der Verlauf der Eifel-Wasserleitung kann heutzutage über den 116 Kilometer langen Römerkanal-Wanderweg erwandert werden.

Nächste historische Landmarke auf dem Grüngürtel-Rundweg ist das Geißbockheim. Unübersehbar weist ein weiß-rotes, zackiges Schild schräg gegenüber dem Wasserleitungsrest zum Vereinsheim des 1. FC Köln, dem 1948 gegründeten „Ersten Fußball-Club Köln 01/07". Höhepunkt der Vereinsgeschichte war der Gewinn des „Doubles" im Jahr 1978, die Deutsche Fußballmeisterschaft und der DFB-Pokal. „Spürbar anders" lautet seit einigen Jahren der Werbespruch für den Fußballverein, und das werden seine treuen Fans bestätigen, denn der Club beschert ihnen als „Fahrstuhlverein" regelmäßig ein Wechselbad der Gefühle. Mal schaffen es die Profi-Fußballer

Das Vereinsheim des 1. FC Köln

nach 25 Jahren wieder in die Europaleague, um kurz darauf fast ungebremst in die Zweite Bundesliga abzustürzen. Seit 1953 befindet sich das Clubhaus im Äußeren Grüngürtel; es wurde auf den Resten eines preußischen Festungsbaus, des ehemaligen Zwischenwerks VIb, errichtet. Das gegenüberliegende Franz-Kremer-Stadion – Kremer war von 1948 bis 1967 erster Präsident des 1. FC Köln – ist zwanzig Jahre jünger und wurde 1971 fertiggestellt.

Traumhaft liegt das weiße Vereinsheim unter Bäumen gleich in der Nähe des Decksteiner Weihers, umgeben von zahlreichen Trainingsplätzen, aber das alte Gebäude entspricht nicht mehr den Anforderungen modernen Profifußballs. Deshalb möchte der Verein, der mehr als 110.000 Mitglieder hat, im Äußeren Grüngürtel neu bauen. Zwischen Franz-Kremer-Stadion und der Gleueler Straße sollen vier Gebäude und drei Kunstrasenplätze entstehen. 2015, als die ersten Pläne bekannt wurden, gründete sich eine Bürgerinitiative, die auf den Denkmalschutz des Landschaftsparks – seit 1980 – verweist und auf die Nachteile für Flora, Fauna und die gesamte Ökologie, wenn Wiesenflächen versiegelt werden und Lichtmasten die Nacht zum Tag machen. Zudem besteht die Gefahr, dass die Erlaubnis zum Bau im Grüngürtel Begehrlichkeiten an anderen Stellen weckt. Es wird spannend, wie die Kommunalpolitiker mit dem Erbe Konrad Adenauers umgehen.

Der Decksteiner Weiher, Kölns schönstes Erholungsgebiet

Gleich um die Ecke des Geißbockheims liegt der Decksteiner Weiher – Kölns schönstes Erholungsgebiet und beliebteste Joggingstrecke. Insbesondere am Sonntagmorgen ist die Joggerdichte hoch um die beiden 20 Hektar großen Gewässer, die durch einen Kanal miteinander verbunden sind. Der Decksteiner Weiher ist das Prunkstück der kölschen Teichlandschaft, eingebettet in eine klassische Parklandschaft mit Kastanienalleen und Reihen von mächtigen Platanen. Theodor Nußbaum, Leiter der Planungsabteilung im Gartenamt und „Nachfolger" von Stadtplaner Fritz Schumacher, der von 1920 bis 1923 aus Hamburg nur „ausgeliehen" war, setzte ab 1926 eigene Pläne und die seines Vorgängers zur Anlage des Äußeren Grüngürtels um. Dabei war für Nußbaum neben großen, offenen Wiesenflächen insbesondere auch das Element Wasser unverzichtbarer Bestandteil des Grünzugs. Im Frühjahr ist das Ufer der Weiher die Kinderstube für Blässhühner, Nilgänse und Schwäne, und wer nicht nur eine der zahlreichen Bänke für ein Päuschen oder zur Tierbeobachtung nutzen will, kann im „Haus am See" am oberen See einkehren. Alles das, was zu einem ordentlichen Park gehört, ist vorhanden. An der **Gleueler Straße**, in der Mitte zwischen beiden Gewässern, wechselt der Grüngürtel-Rundweg die Seite, wir erleben beide Ufer, und weil so viele Wege durchs Gelände führen, lohnt auch ein längerer Aufenthalt in diesem Teil des Äußeren Grüngürtels, der seit fast einhundert Jahren eine fantastische urbane Parklandschaft darstellt.

Wir überqueren die **Bachemer Landstraße** und die Gleise der Straßenbahn, die nach Frechen fährt. Es ist die ehemalige Strecke der KFBE, der „Köln-Frechen-Benzelrather Eisenbahn“, die seit 1893 Frechener Tonwaren und Braunkohlebriketts erst bis Ehrenfeld und später zum Rheinhafen in Niehl transportierte. Heute nutzt diesen Abschnitt nur noch die Straßenbahn für den Personenverkehr. Aber die Klüttenbahn – weil auch Briketts, die Klütten, transportiert wurden – ist noch immer wichtiger Bestandteil der Kölner Infrastruktur zum Transport von Gütern und gehört seit 1992 zur „Häfen und Güterverkehr Köln AG“.

Seit 2019 überquert der Grüngürtel-Rundweg nicht nur Straße und Schiene, sondern auf einer „Einfeldbogenbrücke“ auch wieder den Frechener Bach, der auf einer Länge von 1,6 Kilometern in sein alten Bett zurückkehren durfte. Wie auch der Duffesbach, kommt der Frechener Bach aus dem Vorgebirge, aber aufgrund von Industrie- und Wohnansiedlungen wurde das Gewässer im letzten Jahrhundert erst in den Randkanal und an der Militärringstraße schließlich in den städtischen, unterirdischen Kanal abgeleitet. Im Äußeren Grüngürtel soll der Bach von der Autobahn bis zur Militärringstraße wieder auf einer Breite von sieben Metern „natürlich“ fließen und im besten Fall neuer Lebensraum für Kröten, Molche und Insekten werden.

Der Frechner Bach fließt oberhalb des Aboretums, das sich an dieser Stelle im Äußeren Grüngürtel ausbreitet. Die Sammlung ausländischer Gehölze ließ Ende der 1950er Jahre der städtische Gartenamtsleiter Kurt Schönbohm anlegen. Kölns erster Gärtner, der in seiner Amtszeit (1951-1973) die Wiederherstellung und den Ausbau der Kölner Grünanlagen nach dem Krieg prägte, wählte dafür historischen Boden aus. Denn bereits Ende der 1920er Jahre sollte hier, im Zuge des Ausbaus des Äußeren Grüngürtels, ein neuer Botanischer Garten angelegt werden. Daraus wurde nichts, dafür wurden bei den Arbeiten die Überreste eines bandkeramischen Dorfes gefunden, das von 1929 bis 1934 akribisch freigelegt und mit Hilfe modernster Technik dokumentiert wurde. Die rund 100 Hausgrundrisse, zahlreiche Steinwerkzeuge und Tongefäße legen Zeugnis davon ab, dass das Dorf vom Ende des 5. Jahrtausends und den ersten Jahrhunderten des 4. Jahrtausends v. Chr. mit Unterbrechungen bewohnt war. Nach dem Ende der Ausgrabungen wollte die 1938 eigens gegründete „Gesellschaft Reichsaboretum“ an drei Standorten im Deutschen Reich, darunter auch in Köln, ein Reichsaboretum einrichten. Doch der Krieg zerstörte

Lauschiges Plätzchen unter Bäumen für eine Pause

zuletzt auch diese Arbeit und das Gelände wurde nur ackerbaulich genutzt bis Kurt Schönbohm kam. Fast 50 Jahre wuchsen die Schönbohmschen Exoten anschließend nahezu unbemerkt in den Himmel, bis im Jahr 2007 die „Kölner Grün Stiftung" den Wildwuchs bändigte und mit finanzieller Hilfe der RWE Power AG, deren Bürostandort sich direkt neben dem Arboretum befindet, Bäume frei schnitt, Wege anlegte und Hinweisschilder aufstellte. Mittlerweile kommen Nikko-Tanne, gemeine Pimpernuss oder die ungewöhnliche Trauer-Buche wieder viel besser zur Geltung und es entfaltete sich das, was Schönbohm im Sinn hatte: „Der Spaziergänger hat den Eindruck, in einem weitläufigen Gelände zu sein. Trotzdem bieten sich ihm immer wieder zwischen Gehölzgruppen Plätze, an denen er sich niederlassen kann mit dem Gefühl, relativ unbeobachtet zu sein."

Aber der Grüngürtel hat noch andere Qualitäten, eine besondere Sphäre und die wird spürbar, nachdem wir die **Dürener Straße** überquert haben. Auf dem kurzen Wegstück bis zum kleinen Hain mit den zehn Ahorn-Bäumen erleben wir einen dieser mystischen Orte in der Natur, die es auch in der Stadt gibt. Wenn die mächtigen Buchen mit ihren aufwärts strebenden Stämmen ein Spalier bilden und ein hohes, schützendes Dach über uns formen, erinnern sie an die Pfeiler des gotischen Doms und schaffen Räume, die über die irdische Welt hinausweisen und uns die Seele der Natur spüren lassen.

Nur ein kurzes Wegstück weiter, durch den schönen, alten Laubwald, und dann liegt das nächste Gewässer vor uns. Es ist der Adenauer Weiher – der natürlich an Oberbürgermeister Konrad Adenauer erinnert – mit sechs Hektar Fläche klein und überschaubar, eingebettet zwischen großen Laubbäumen. Blickfang am Ufer ist der „Club Astoria" mit den dahinter aufragenden Pylonen des Rhein-Energie-Stadions. Angelegt wurde der Adenauer Weiher schon Anfang der 1920er Jahre im Rahmen der Erweiterung des Stadtwalds nach Westen, über die Militärringstraße hinaus. Der Club Astoria mit dem schönen Biergarten zum See ist erst seit 2007 für die Öffentlichkeit zugänglich; zuvor nutzten das Haus, das mit seinen Fachwerkelementen an eine Bauernkate erinnert, ab 1948 die belgischen Streitkräfte, die bis 2002 in Köln-Lindenthal stationiert waren. Anschließend wurde das Offizierscasino, das unter Denkmalschutz steht, renoviert und wird seitdem als Restaurant der gehobenen Preisklasse geführt. Der Biergarten ist dagegen volksnah.

Jetzt sind wir auf der Zielgeraden des Grüngürtel-Rundwegs angekommen, denn vom Adenauer Weiher sind es nur ein paar Schritte bis zur großen Jahnwiese neben dem Stadion. Der Name erinnert an Turnvater Friedrich Ludwig Jahn (1778-1852), dem oberhalb der Wiese ein Denkmal gewidmet ist. Das 14. Deutsche Turnfest 1928 im Müngersdorfer Sportpark fand zum 150. Geburtstag des Pädagogen und Schöpfers der deutschen Turnbewegung statt. Die 80.000 Quadratmeter große Wiese ist die Verwirklichung des „sozialen Grünflächenprogramms", das nicht nur Theodor Nußbaum am Herzen lag, sondern auch Leitlinie für Gartenbaudirektor Fritz Encke war, von dem die Pläne für den Sportpark stammen. Besonders am Wochenende wird auf dem Rasen nach Herzenslust gekickt, während unter der Woche die Studentinnen und Studenten der benachbarten „Deutschen Sporthochschule Köln" die natürlichen und künstlichen Geländeformationen für ihre Übungen nutzen. Die „Spoho", die seit 1947 in Köln ansässig ist, ist die bundesweit einzige und weltweit größte Sportuniversität mit rund 6000 Studierenden an 20 wissenschaftlichen Instituten. Die Einrichtung passt wunderbar in den Sportpark Müngersdorf, den Konrad Adenauer am 16. September 1923, nach zwei Jahren Bauzeit, feierlich einweihen konnte. Die 80 Hektar große Anlage mit der Hauptkampfbahn mit rund 80.000 Zuschauerplätzen, zwei kleineren Stadien, einer Radrennbahn, dem Freibad, Tennis- und Hockeyplätzen und der großen Jahnwiese war das Sahnestückchen im neuen Grüngürtel und bis zum Bau des Berliner Olympiastadions im Jahr 1936 eine der größten

Eingang zum Stadiongelände

Sportanlagen in Deutschland. Noch heute stellt sich auf dem Weg von der Aachener Straße – an die Haltestelle mit Abstellgleisen für die Straßenbahn hatte schon Encke gedacht – zum Stadion ein Hochgefühl ein, ein Prickeln, wenn die schlanken, 88 Meter hohen Pylone mit ihren Drahtseilen, die die Dächer der Tribünen tragen, in den Blick geraten. Vom ersten Müngersdorfer Stadion, das Adolf Abel entworfen hatte, ist nur noch das mit rotem Klinker verkleidete Marathontor übrig. Nach mehr als 50 Jahre wurde 1975 das neue Müngersdorfer Stadion eingeweiht, das nach knapp 30 Jahren 2004 als Rhein-Energie-Stadion – benannt nach dem Sponsor, der Rhein-Energie – als Fußballstadion ohne Wettkampfbahn für die Leichtathletik neu errichtet wurde. Dort wurden auch einige Spiele der Fußball-Weltmeisterschaft 2006 ausgetragen.

Jetzt stehen wir auf den Vorwiesen des Stadions, der Kreis hat sich geschlossen, und wir haben die 63 Kilometer des Grüngürtel-Rundwegs erlebt. 63 Kilometer durch ein städtisches Grünsystem, das vor fast hundert Jahren, in bewegten Zeiten, weitsichtig geplant worden ist und noch heute das Potenzial hat, eine wachsende Stadt wie Köln lebenswert zu erhalten. Das bedeutet Chance und Verpflichtung zugleich gerade auch für die Menschen, die hier leben, unter der Maßgabe: Nie war er so wertvoll wie heute.

Decksteiner Weiher im Herbst

Noch mehr Kölner Grün

Königsforst

5 Rundwanderungen
21 x 13 cm, 128 Seiten, 89 Abb.,
10 Karten, Broschur
ISBN 978-3-935873-50-5 • 9,80 €

Den einen ist er bekannt als gepflegter Staatsforst, den anderen als grüne Lunge Kölns. Der Königsforst ist seit dem Jahrtausendwechsel aber vor allem eins: ein Naturschutzgebiet von internationaler Anerkennung.
Die Inhalte des Natur- und Kulturführers Königsforst sind an fünf Rundwanderungen ausgerichtet. Auf diese Weise werden komplexe Themen ebenso wie kuriose Geschichten für jeden greifbar und vor Ort anschaulich.

Wald in Köln

15 Routen von Grün zu Grün -
umweltfreundlich mit der KVB
20 x 12 cm, 176 Seiten,
fadengeheftetes Flexcover
ISBN 978-3-935873-64-2
12,90 €

Grün, Grün, Köln ist grün. Fußläufig erfahren wir: Waldgebiete, Parks und Alleen im Kölner Stadtgebiet lassen sich zu stundenlangen Wanderungen miteinander verbinden. Anregend ist: Wir laufen auf flachen Wegen, wandern uns gesund, tun doppelt Gutes für die Umwelt – wir bewegen uns gehend höchstselbst und nutzen den Öffentlichen Nahverkehr und lernen die grüne Seite Kölns und den Wert der Naherholung schätzen.